SHODENSHA
SHINSHO

長期政権のあと

佐藤 優
山口二郎

祥伝社新書

はじめに――「コリント」技法と日本政治の分析

佐藤　優

　私が「山口二郎先生（法政大学教授）と親しい」という話をすると、不思議な顔をする編集者や読者がいる。安倍晋三《あべしんぞう》政権批判の先頭に立っている山口氏と、安倍政権の外交政策を肯定的に評価する私がなぜ親しいのだろうかと疑問に思うようだ。こういう人たちに、私は「政治的立場の違いは本質的問題ではない。重要なのは、話者の誠実性と学識だ」と答えている。

　山口氏が第一級の政治学者であることは、誰もが認めることだ。東京大学法学部卒業後、大学院に進まずに、直《ただ》ちに助手に採用された。東大では、このような形で優秀な人物を早くから教える側に加わらせることによって、学者を養成してきたのだ。ただし、山口氏は、象牙の塔のなかに閉じ籠もるようなタイプの知識人ではない。公民として、みずからの持つ知識を社会に活《い》かすことが重要と考えている。イエス・キリストは「受けるよりは与えるほうが幸《さいわ》いである」（『新約聖書』使徒言行録二〇章三五節）と述べた。山口氏も

「与えるほうが幸いである」という価値観を持っているので、研究だけでなく、教育や社会的、政治的活動においても精力的に取り組んでいるのだと私は見ている。

ちなみに、山口氏はキリスト教に対する深い知識を持っている。欧米の政治を理解するためには、キリスト教を知らなくてはならないとよく言われるが、キリスト教の内在的論理を知っている政治学者は意外と少ない。山口氏は、私の神学的な発想についても、よく理解してくれる。

さて、インテリジェンスの世界には「コリント（Collint）」と呼ばれる分野がある。「Collective Intelligence」の略語だ。この言葉には「集団的知性」という訳語があてられ、「多くの個人の協力と競争の中から、その集団自体に知能、精神が存在するかのように見える知性である」（「Ｗｅｂｌｉｏ英和・和英辞典」）という意味で用いられる。ＩＴ分野で使われることが多いが、インテリジェンスの世界ではすこしニュアンスが異なる。日本外務省では「協力諜報」と訳している。ＣＩＡ（米中央情報局）、ＳＶＲ（ロシア対外諜報庁）、モサド（イスラエル諜報特務庁）などの対外インテリジェンス機関は、それぞれ得意分野と不得意分野がある。自分の得意分野に関する情報をそれぞれ提供することで、インテリジェンス・コミュニティ全体のレベルを上げていこうとするのが「コリント」だ。

それぞれの国益が対立している分野では、対外インテリジェンス機関も、たがいに激しい抗争を展開している。マスメディアで報道されるのはこのような対立面がほとんどであるが、対外インテリジェンス機関は、各国の利害が一致する分野では踏み込んだコリントを行なっている。イスラム教スンナ派過激組織「イスラム国（ＩＳ）」を封じ込め、解体する過程においても、ＣＩＡ、ＳＶＲ、モサドなどは「コリント」を積極的に推進した。ただし、三カ国以上の情報機関関係者が一カ所に集まって意見交換することはまずない。コリントは、バイ（二国間）の関係でなされる。私自身、外務省国際情報局で勤務していた時にリエゾン（連絡担当官）としてモサドとＳＶＲの関係者と別個に「コリント」を行なっていた。

「コリント」にあたっては、重要な作法がある。事実、認識、評価をはっきり区別することだ。まず、事実について、たがいに持っている情報を擦り合わせる。事実認定については立場にかかわりなく一致できる。もっとも、同じ事実についてでも認識が異なることはよくある。その場合は、なぜ認識が異なるかについて議論する。この議論を通じて、認識の違いがなぜ起きているかを把握する。それは対論者の内在的論理を理解することでもある。評価に関しては、インテリジェンス機関は、国家に所属する組織なので、国家の方針が強く反映する。また、担当官がこれまでに積んだ経験も評価に無視できない影響を与える。

山口氏と対談しながら、かつてモサドやSVRの分析専門家と議論した時の記憶が甦《よみがえ》ってきた。事実、認識、評価を区別して議論すれば、政治的立場、人物に対する感情などにかかわらず、冷静な議論ができ、双方にとって有益な結果をもたらすことができる。

本書の内容は明晰《めいせき》なので、ここで屋上屋《おくじょうおく》になる事柄を記す必要はないと思っている。本書を通じ、私は現下日本政治の分析とともに「コリント」の技法を読者に伝えたい。本書を上梓するにあたっては（株）祥伝社の飯島英雄氏に大変お世話になりました。どうもありがとうございます。

二〇二〇年七月、曙橋（東京都新宿区）の自宅にて

目次

第二章 長期政権が変えた世界

第三章 なぜ、自民党は強いのか

第四章 安倍政権後に訪れる国難

第五章 もはや先進国ではない

第一章
安倍政権の正体

1　選挙で選ばれた王

終わりの始まりか、それとも……――山口

安倍首相は二〇一二年一二月、衆議院の解散を受けた総選挙に、総裁として自民党を率いて圧勝。民主党から政権を奪還し、自身は二度目の首相の座に就《つ》きました。

選挙に臨《のぞ》んで、安倍さんは「強い経済を取り戻す」「民主党政権によって大きく傷つけられた日米同盟の信頼関係を回復していく」と、経済・外交の立て直しを強く訴えました。さらに、東日本大震災が影を落としたとはいえ、統治能力の欠如を露呈した民主党政権を「決められない政治」と痛烈に批判。国民の怒りを一切合切《いっさいがっさい》すくい上げるかのように、「まちがった政治主導により、今起こっているこの混乱・停滞に終止符を打つためにわれわれは全力で闘い抜く」と宣言しました。

以降、安倍首相は「悪夢のような民主党政権」という、おきまりのフレーズを発し続けます。二〇一九年七月の参議院選挙でも、「最大の争点は、安定した政治のもとで新しい

時代への改革を前に進めるのか、それとも再びあの混迷の時代へと逆戻りするのかだ」と、国民に旧民主党政権への怒りを呼び起こさせ、自民党への選択を迫りました。

しかし、今回の新型コロナウイルス感染症（COVID-19）の拡大における独断的な対処――唐突な一斉休校要請、緊急事態宣言全国発出、予算の無駄遣《むだづか》いとしか思えない布マスクの配布など――に社会は混乱し、国民は不信と怒りを募《つの》らせました。それまで、旧民主党に向けさせていた怒りが、今度は自分に跳《は》ね返ってきた。実際、第一次安倍政権（二〇〇六～二〇〇七年）では、「消えた年金記録問題」で国民の怒りを買い、退陣に追い込まれています。

安倍首相の首相在職期間は二〇一九年一一月二〇日、明治・大正期に三度首相を務めた桂太郎《かつらたろう》の二八八六日を抜き、憲政史上最長の政権となりました。この最長政権の命運は、コロナ禍が握っています。

すなわち、長期政権の終わりの始まりとなる可能性を孕《はら》むと同時に、適切な施策を講じれば、「安倍さんは危機に強い」となる。この先、コロナ大恐慌など、さらなる決断が問われる局面が必ず到来するでしょう。

闇の権力——山口

安倍首相以外にも、戦後日本には吉田茂《よしだしげる》（一九四六～一九四七・一九四八～一九五四年）、佐藤栄作《さとうえいさく》（一九六四～一九七二年）、中曽根康弘《なかそねやすひろ》（一九八二～一九八七年）、小泉純一郎《こいずみじゅんいちろう》（二〇〇一～二〇〇六年）などの長期政権が誕生しました。これらには政権が持続した共通の条件が存在しますが（後述）、安倍政権はきわめて異質な特徴があります。

それは、「過度な権力集中」です。安倍政権を支える権力基盤は、「安倍一強」と呼ばれる「官邸主導体制」にあります。

コロナ禍への対応でも、その構図が明白に表れています。一斉休校も、緊急事態宣言を出して私権を一定の範囲で制限できる新型インフルエンザ等対策特別措置法の改正も、腹心の今井尚哉《いまいたかや》内閣総理大臣秘書官兼内閣総理大臣補佐官の進言とされています。また、不評で取り止めになった減収世帯への三〇万円給付案も、官邸内から上がりました。

そして「経済対策はすべて首相官邸内の一部で決めて、党に知らされるのは後。それでいいんですか」と、連立を組む公明党からも批判されています（「朝日新聞デジタル」二〇二〇年四月二四日）。

安倍首相は二〇一二年の第二次政権発足以来、官邸を支える官僚機構を強化してきました。首相を直接、補佐・支援する「内閣官房」と、内閣の重要政策を扱う「内閣府」が、その両輪です。

とりわけ、内閣官房の増強が目立ちます。選《え》りすぐりの人材が各省庁から集められ、人員は発足時より五割以上増えて一二〇〇人を超えています（内閣府は約二四〇〇人）。森《もり》友《とも》・加計《かけ》学園、桜を見る会の疑惑で知られる首相秘書官、首相補佐官も内閣官房の中核スタッフです。

さらに、二〇一四年に官房に設置された、中央省庁の幹部官僚の人事を一手に引き受ける「内閣人事局」が、官房の権力をさらに強大なものにしています。

官房副長官、秘書官、補佐官など首相側近が、首相と、言わば密議をこらして国政を動かしているわけです。そして、「官邸官僚」と呼ばれる彼ら一群は、その結果に責任を負いません（負うのは政治家です）。まさに、「闇の権力」です。

安倍政権は側近政治によって行政府へ権力を集中させ、行政府内の首相の権力を高めているのです。

行政権優位——佐藤

安倍さんは「日本国家と日本人の生き残り」のためにがんばっていると、私は見ています。

彼が「悪夢のような民主党政権」と繰《く》り返すのは、けっしてレトリックではなく、本当にそう思っているからです。あのままでは日本は崩壊するところだった、それをギリギリのところで自分が救い出したのだと、「危機のリーダー」を自任しているのです。

今も、危機的状況は続いているという意識が政権内、とりわけ官邸官僚のなかで日常化しています。実際、二〇一七年九月の総選挙で、「国難突破解散」というキャッチーなフレーズを使って、危機を演出しています。

安倍首相には、危機には迅速に対応しなければならない、という意識が強い。一斉休校要請での独断が批判されたにもかかわらず、すぐさま中国・韓国からの入国制限を独断専行している。決めるのは自分だ、という思いが強いからです。

問題は、政権発足時に比べ、明らかに行政権優位になっていることです。行政のトップである首相による独断専行や閣議決定を繰り返すなど、国会を軽視している。立法府における討論・承認という民主的手続きは民主主義の根幹であるのに、そこをショートカットしようとしているわけです。

立法が軽視されれば、次に司法も、となるでしょう。行き着く先は、行政権が立法権、司法権よりも優位に置かれる国家「行政国家」です。これは気をつけないといけません。常に危機であるという意識で政治を行なうのは、ファシズム（独裁的で国粋主義的な政治思想・運動）の特徴であり、行政権優位から始まります。国家・民族の生き残りのためなら、ある程度許容される。「平時であればこういう治療はしない。今は非常時だからこの治療をする」と、正当化されてしまいます。

とはいえ、行政権優位は、それを認める国民のニーズがないとできません。特に、民主主義国家では。このニーズを喚起させるのは恐慌や戦争であり、大地震などの災害やコロナ禍などの災禍です。緊急事態や危機には、素早い決断が要求されることから、強いリーダーやリーダーシップを求めて、行政権優位を容認する雰囲気が高まってくるものですが、まさに安倍政権にはこれがあてはまります。

王制国家——佐藤

民主主義国家における、長期政権の担当者は「選挙で選ばれた王制」のような感覚を抱きやすいかもしれません。

ドナルド・トランプ米大統領（二〇一七年～）、ウラジーミル・プーチン露大統領（二〇〇〇～二〇〇八・二〇一二年～）、ボリス・ジョンソン英首相（二〇一九年～）など、現在の世界に通底しているのが、この王制化かもしれません。これは、行政権優位と大いに関係しています。

安倍さんも、王に近い存在です。王だから、公金で地元の支持者を多数招いて「醍醐《だいご》の花見（豊臣秀吉《とよとみひでよし》が晩年に京都・醍醐寺で行なった宴《うたげ》）」を壮大にやる（笑）。近代以前、君主や支配者は税を恣意的《しいてき》に、悪く言えばポケットマネーの感覚で運用していました。安倍さんの公金意識欠如の「桜を見る会」は、近代民主政治以前のまさに王のふるまいです。

安倍さんはネトウヨ（ネット右翼）から支持を得ているようですが、この花見にかぎっては、あの人たちからの評判も悪い。いつもなら擁護の声が上がるのですが、それがなく、批判の声ばかりです。ネトウヨは皮膚感覚で、権力者およびその周辺だけがいい思いをしている、上級国民のようだ、と感じ取ったのです。つまり、権力者の驕《おご》りと二重写しになっている。

これまで、日本における権威は唯一、天皇だけでした。ところが、現在は天皇、上皇、皇位継承者と権威は分散し、さらには七年超も首相を務めてきた安倍さんにも、権威がついてきています。これは、安倍さんのリスクになるかもしれません。天皇権威の簒奪者《さんだつしゃ》だと見られる可能性が、なくはないからです。

実際、前天皇の退位をめぐって、安倍首相は退位に反対する一部保守派への配慮から、時間をかけた手続きが必要だと主張し、早い結論を求める宮内庁と対立しています。また、退位日も宮内庁の意向を拒否しました。

家産制国家――山口

日本は安倍晋三という王のもと、「家産制国家」に逆行しています。家産制国家とは、権力者の公《おおやけ》と私《わたくし》が融合している国家です。この体制における官僚は、法に従う近代官僚ではなく、王に従属する家来です。ですから、忠臣として公文書改竄《かいざん》などの違法なことも王を守るために進んで行なうわけです。

確かに、行政権優位では国会が無意味になりますから、民主主義は破壊されてしまいます。行政国家では、選挙で多数派を決めれば、民主的手続きは終わりです。また、議会は行政監視の場でもあるので、国会軽視はそれを否定することにつながります。

佐藤さんのご指摘どおり、危機状況においては、権力者が決定を行なう必要性が高まり、それが独裁を生むことにつながります。これは、ドイツの政治学者カール・シュミットがナチスの独裁を基礎づけるなかで説いたことでもありますが、議会、特に野党は権力者の足を引っ張るだけとの否定的な評価になりやすい。その兆候はすでに表れています。たとえば、国会審議における、安倍政権の虚偽も厭《いと》わない不誠実な対応などがそうです。

もっと大きな問題もあります。安倍政権は、コロナ禍対策として第二次補正予算を策定しましたが、約三一兆円の予算のうち、一〇兆円の予備費が計上されています。一〇兆円と言えば、補正予算一個分です。それを内閣が自由に使えるようにするというのですから、憲法第八三条を根拠とする「財政民主主義（課税・支出など、国家が行なう財政活動には国民の代表で構成される国会での承認を必要とする）」の否定にほかなりません。

そもそも、議会政治は、人民の納めた税金の使途を人民の代表者によって決めるために発達してきたわけで、議会による予算統制は民主主義の土台です。私には民主主義を軽んじているようにしか見えません。きっと、安倍さんは予算委員会で野党から追及を受けるのが嫌なのでしょう。

ちなみに、この法外な予備費は、秋の臨時国会を開かずに危機対応と政権運営をするための仕掛けではないかと、私は疑っています。

官僚内閣制から官邸官僚内閣制へ――山口

司法の形骸化《けいがいか》はすでに始まっています。森友・加計学園疑惑での公文書改竄を看過《かんか》した財務省幹部は、刑事責任を問われていません。首相のお友だちの甘利《あまり》明《あきら》元内閣府特命担当大臣（経済財政政策）は、UR（独立行政法人都市再生機構）への口利きが明らかになっても、刑事訴追されませんでした。安倍さんと親密な元TBS記者の性的暴行事件も、警察庁上層部の圧力で逮捕が見送られています。

きわめつけは、検事総長就任への布石と見られた、黒川弘務《くろかわひろむ》東京高検検事長の定年延長です。検察庁法で定められている検察官の定年を、閣議決定で延《の》ばしたのです。黒川検事長は政権に近い人物とされています。この件に関してはその後の顚末《てんまつ》を含め、第四章で改めて論じたいと思います。

日本の民主主義は、国会（立法）、裁判所（司法）、内閣（行政）という独立した機関のバランスの上に成り立っています。「三権分立」と言われるように、相互に抑制し、権力の乱用を防いでいるわけです。ところが、安倍政権下では政治との関係で、それぞれの機関が機能不全に陥《おちい》っている。

かつて、日本の政治は「官僚内閣制」と言われました。中央省庁の官僚が法案をつくり、予算配分と許認可権を武器に、政治を主導してきたからです。内閣の方針に各省を従わせるのは、事務の官房副長官（官僚）の役割ですが、当時は幹部の人事権は各省が持っており、彼らの自己主張に手を焼かされたことが少なからずあったそうです。与党・自民党の族議員と結託して、内閣の方針に反対する幹部官僚がけっこういたのです。

佐藤さんが指摘された行政国家は、この官僚内閣制に戻ったということではなく、官邸官僚が行政を牛耳《ぎゆうじ》っていることを意味します。先に触れたように、行政府内での首相の権力が強まり、政治の絶対化が進んでいるのです。

一九九六年に誕生した橋本龍太郎《はしもとりゅうたろう》政権において、省庁再編と首相官邸の強化を目的にした行政機構の改革（通称・橋本行革《ぎょうかく》）が行なわれました。それまで重要政策のほとんどを霞が関《かすみせき》（中央省庁および官僚）が決めていましたが、それは良くない。首相が主導すべきであり、とにかくリーダーシップが必要だ、官僚機構の縦割りはけしからんということで、行政機構を大きく変えたのです。

当時、この改革がどのような効果をもたらすかはよくわかっていませんでしたが、「政」と「官」の関係が転機を迎えます。中央省庁は一府二二省庁から、一府一二省庁に再編され（二〇〇一年実施）、内閣のもとで政府内の政策の企画立案などを行なう内閣府が新設されました。日本の役所は基本、明確な権限と所轄を持っている各省が独立王国のようにあって、それらが連邦制のように政府を構成していました。ところが、その各省を超えるスーパー官庁をつくったのです。

そして、首相を補佐して省庁を統制する内閣官房が強化されました。なかでも、それまで法律・政令上の根拠がなく、私的アドバイザー役にすぎなかった内閣総理大臣補佐官

（以下、首相補佐官）の設置が法制化されたことは重要です。二〇〇〇年以降、官房は小泉・安倍政権下で、首相の威光を背景に、官邸官僚として強大な権力を持つようになります。

さらに、二〇一四年の内閣人事局の設置以降、「忖度《そんたく》」が横行します。同年、外交・安全保障政策の司令塔となる国家安全保障局が発足。権限が集中した内閣官房と各省の力関係は完全に逆転し、政策の企画立案は官房、執行は省という基本的な構図が完成したのです。

「森蘭丸《もりらんまる》」と呼ばれた首相秘書官――佐藤

内閣府は各省が優秀な人材を送ってきた結果、出先機関にすぎなかった内閣官房が自立して実体として権力を持つようになり、今日の安倍政権を支えています。

その中心となっているのが、首相の分身と言われる今井尚哉首相補佐官、前内閣情報官の北村滋《きたむらしげる》国家安全保障局長、菅義偉《すがよしひで》官房長官の信頼が厚い和泉洋人《いずみひろと》首相補佐官、元警察官僚の杉田和博《すぎたかずひろ》官房副長官の四人です。

最初の官邸官僚は、現在は衆議院議員の江田憲司《えだけんじ》さんです。橋本内閣が発足すると、当時、通商産業省（現経済産業省）の官僚だった江田さんは首相秘書官に起用されます。橋本行革の推進役を担い、政治家や官僚と折衝したために、「官邸の森蘭丸（織田信長《おだのぶなが》に重用された小姓《こしょう》）」とも呼ばれました。その後、橋本首相が退陣すると、江田さんは通産省に戻らずに退官しています。私は、彼から「通産省に戻さないで退官させてくださいと願い出た」と聞いています。

以降、官邸官僚は、元の省庁に戻らない片道型の人が出てきました。内閣機能の強化によって、内閣情報官、内閣官房副長官補が局長級から事務次官級に格上げになったことも、片道型にならざるをえなくなった理由です。官僚としては〝上がり〟のポストになるわけですから、本省には実質的に戻れないわけです。

内閣人事局構想は、橋本行革の時にすでに練られていました。安倍一強の源流は、橋本政権だったのです。

2　権力の源泉

首相機関説――佐藤

安倍政権が長続きしている理由に、安倍さんが政治イニシアティブを発揮せずに、「機関」に徹していることもあると思います。

安倍さんは側近に政策の立案を任せ、やりたい政策にはアクセルを踏み、そうでない場合はブレーキをかけます。これは、上がってきた事案を裁可《さいか》して、同意できなければプイと横を向いた戦前の天皇に近い。「天皇機関説」ならぬ「首相機関説」です。官邸官僚からすれば、首相の権威をかざしながら、自分が希望する政策が実現できるし、霞が関に君臨することもできます。

私が「首相機関説」を唱える根拠は、政策が矛盾《むじゅん》していることです。たとえば、米軍基地の辺野古《へのこ》移転では沖縄県民の民意を一顧だにしないで進めながら、首里城《しゅりじょう》の火災には前のめりになって、辺野古とリンケージさせずに、修復は国で行ないたいと言う。また、韓国に対しては強硬に出るけれど、ロシアとの北方領土問題では事実上の二島返還へと譲歩している。なぜそうなるのか。簡単なことで、答申しているブレーン集団が違うからです。

コロナ禍への対応など、政権の支持率アップ狙《ねら》いの政策がポンポンと出てくることも同様です。複数のブレーン集団が、「マスク」「動画」などアイデア競争をしているように思えるのです。国会答弁や記者会見でプロンプターやペーパーで原稿を棒読みしているのも、自分のやりたいことではないからでしょう。

このように変わったのは、二〇一五年の「戦後七〇年談話」からだと、私は見ています。安倍首相は政権復帰直後から、一九九五年の村山富市《むらやまとみいち》首相による「戦後五〇年談話」を塗り替える談話を発表することを示唆《しさ》していました。

ところが、この首相の姿勢に中国・韓国だけでなく、アメリカも懸念《けねん》を表明。国内でも公明党などから異論が出ました。さらに、国内のみならず、欧米の学者からも「過《あやま》ちの偏見なき清算」を呼びかけられます。こうした状況下で発表されたのが、満州《まんしゅう》事変から日本は進むべき針路を誤《あやま》ったという談話です。これは、東京裁判史観そのものです。以降、安倍さんは同談話に言及していません。自分の意に反した内容だからです。

この時、安倍さんは自分の権力の実体を強く感じ取ったのではないでしょうか。

私は、安倍さんにはある種のニヒリズムがあるように思えます。政策のひとつひとつについて、本気で考えているとは思えないのです。「デフレ脱却」「アベノミクス」「すべての女性が輝く社会づくり」「一億総活躍社会」など、次から次へと耳目《じもく》を引くスローガンを打ち出しましたが、多くは安倍さんがやりたい政策ではなく、側近が立案したものと見るべきでしょう。そして、側近がお膳立てをしたスローガン政治に乗っかり、その政策に取り組む姿勢を強調して、指導力・実行力の演出に徹している。成果を上げられていないこともありますが、これらのスローガンは、いつのまにか安倍さんの口から聞かれなくなっています。

憲法改正は、安倍さんが残したいレガシー(政治的業績)ですが、それがなかなかうまくいかないなか、権力を維持することが目的に変わっているように、私には思えます。

スローガン政治——山口

ご指摘のとおり、安倍政権はコミットメントが感じられない政権です。「地方創生」「待機児童ゼロ」「働き方改革」なども掲げられましたが、これらは変革者を印象づけるためのイメージ戦略であり、スローガンを次から次へと掲げて「やってる感」を醸《かも》し出しているわけです。

二〇一五年に高らかに公言した「アベノミクス」のスローガン「GDP（国内総生産）六〇〇兆円実現」がすっかり聞かれなくなったように、その具体的な成果を安倍さん自身が語ることはほとんどありません。

中曽根康弘さん・竹下登《たけしたのぼる》さんなど、かつての自民党政権は、政治家と官僚を集めた体制をつくり、それこそレンガを積み上げるようにして、政策を実現させました。この「積み上げる」作業は、安倍政権にはまったくあてはまりません。言うならば、積み木が散らかった子ども部屋みたいなものです。

真の変革者なら、安定した政治基盤を生かして、財政・少子高齢化・人口減少・年金・医療・エネルギーなど社会の仕組みにかかわる問題の抜本的改革に取り組むでしょう。しかし安倍首相には、それらの課題に取り組む姿勢がほとんど見られません。スローガンにしても、いずれも前の時代の流れを引き継いだもので、変革や改革とはとても呼べません。

変革を売り物にする政治家は人気を得るために、変更しなくてもよい制度を自己目的に変革しようとします。そして「立法事実」がないにもかかわらず、重要法案を立案し、野党や世論の反対を押し切って強引に成立させるのです。これも、安倍政権の特徴のひとつです。立法事実とは、法律や条例の必要性や正当性を裏づける一般的事実のことです。

たとえば、二〇一五年の安全保障関連法は、集団的自衛権を行使しなければ日本の安全を守れないという現実は存在しないにもかかわらず、成立させました。コロナ禍でも、民主党政権時代につくられた、新型インフルエンザ等対策特別措置法を適用できるにもかかわらず、首相の実績づくりのためなのか、その改正法を成立させています。

国民の不安に乗じて、政権が「やってる感」を訴えるために制度を変更していると言わざるを得ない。首相の人気取り、支持率対策のために、側近が考え出しているのでしょう。

官邸官僚の中心である、経済産業省の官僚の政策能力の低下が、コロナ禍対策で露《あら》わになっています。私に言わせれば、経産官僚はバブル崩壊後、何ひとつ成果を上げていません。彼らは次々とキャッチコピーやスローガンを打ち出し、ポンチ絵（見ばえの良いフローチャート）を描いて、もっともらしいビジョンを宣伝するだけです。このキャッチコピーとポンチ絵をつくる能力こそ、彼らの政策能力です。

過去には「官民ファンド」「クールジャパン戦略」など死屍累々《ししるいるい》の状態ですが、今回も「マスクの全戸配布」「学校の九月入学」などの思いつきを安倍政権の成果にしようとしています。しかし、言葉は空回りし、彼らの「アイデア」は、各省や地方自治体で混乱を生んでいます。コロナ禍で国民の政治的関心が高まっている時だけに、この失敗は隠せません。

人材の劣化が、政権の長期化を促す——山口

ベストセラー『応仁の乱——戦国時代を生んだ大乱』（中公新書）の著者として知られる、国際日本文化研究センター助教の呉座勇一《ござゆういち》さんは、安定を標榜して復活した安倍政権を「戦乱の世を終わらせた豊臣政権に近い」と評しています（「朝日新聞デジタル」二〇二〇年一月六日。以下、同紙）。

興味深いのは、安倍政権と豊臣政権の共通点の指摘です。呉座さんによれば、豊臣秀吉の最大の課題は「戦争最優先だった社会の仕組みを平和な世に合ったものにどう転換するか、つまり、仕事を失った武士をどう位置づけるか」だったが、転換できずに朝鮮出兵を選択した。安倍さんも、抜本的な改革に手をつけていません。

秀吉は太閤検地《たいこうけんち》や刀狩《かたながり》をはじめ、多くの政策を次から次へと打ち出しましたが、スローガン止まりの部分が多々あったそうです。こんなところも安倍さんに似ている。側近政治の悪弊については、安倍政権後を暗示するような史実です。秀吉と石田三成《いしだみつなり》ら官僚層だけで実質的に動かしたため、秀吉亡きあとは機能しなくなりました。

安倍首相の側近政治は二重の意味で、人材を劣化させています。ひとつは、後継者が育っていないこと。安倍政権では、基本的に内閣官房の官邸官僚を中心にした官邸で処理します。そのため、与党議員が重要閣僚に就いても独自性を発揮するのは難しく、後継者としての成長につながらないのです。

現にコロナ禍への対応でも、関係閣僚の頭越しに重要事項が決定されています。各省の官僚は内閣官房に人事を握られているため、萎縮《いしゆく》しています。偉くなるのは言いなりになる人だけです。

もうひとつは、政権の権力基盤とも関係してきますが、二人の長老――閣内の麻生太郎《あそうたろう》副総理兼財務大臣と自民党内の二階俊博《にかいとしひろ》幹事長――が存在感を示しているため、有望な人材が政権中枢に入ってくる余地がないことです。二人にとっては、政権の継続はみずからの政治生命を延ばすことになるため、安倍政権を守ろうとします。

このように、安倍首相・麻生副総理・二階幹事長・官邸官僚が権力基盤を固めていることで、ポスト安倍をはじめ有望な人材の芽が摘《つ》まれています。裏を返せば、これは安倍政権が長期政権であり続ける理由のひとつ、と言えなくもありません。

安倍首相が持つ、三つの大権――佐藤

長期政権を築くには、それなりの権力基盤が自民党内に必要です。

吉田茂首相は党人派（政党政治家）が多かった党内に、池田勇人《いけだはやと》・佐藤栄作・前尾繁三《まえおしげさぶ》

郎《ろう》ら、官僚出身者を中心とした「吉田学校」と呼ばれる集団を形成。彼ら官僚派に支えられて、ワンマン体制を築きました。現在の自民党内でもっとも古い派閥・宏池会《こうちかい》は、吉田さんの政策を受け継いだ池田さんが創設した派閥です。

佐藤栄作首相は、みずからの派閥内で田中角栄《たなかかくえい》と福田赳夫《ふくだたけお》を政府・党の要職に就けて競わせると同時に、三木武夫《みきたけお》、中曽根康弘など他派閥の領袖《りょうしゅう》にも目配りし、「人事の佐藤」と呼ばれるほどの人心掌握術で、政権の求心力を維持し続けました。

いっぽう、みずからが権力そのものだったのが、中曽根首相と小泉純一郎首相です。

中曽根さんは大統領型首相を志向し、前面に出てリーダーシップを発揮しました。就任当時、日本経済と自民党の党勢に翳《かげ》りがありましたが、中曽根さんの政策によってどちらも拡大。以降は、民意を背景に政策を推し進《お》めていきます。また、ポスト中曽根・首相候補として、竹下登・宮澤喜一《みやざわきいち》・安倍晋太郎《しんたろう》(安倍首相の父)の三人をニューリーダーとして重用することで、権力を確かなものにしました。

小泉さんは首相・自民党総裁としての三つの大権——国政選挙での公認権、政党交付金の分配権、衆議院の解散権——を手にすると、小選挙区制を有効活用して、権力基盤を強固なものにします。その権力をまざまざと見せつけたのが、二〇〇五年の郵政解散です。

小泉政権が進めようとした郵政民営化が参議院で否決されると、その是非を国民に問うとして、党内の反対も物ともせず、衆議院の解散に打って出ます。そして、民営化に反対する現職議員を党公認からはずし、代わりに「刺客」と呼んだ新人を対立候補に仕立てて、圧勝しました。

小選挙区制のもと、三つの大権は首相の党内掌握を容易にしました。安倍一強体制も、この大権に支えられています。解散権を政権運営に活用する術《すべ》は、小泉さんから学んだように思います。実際、安倍さんは過去二回（二〇一四・二〇一七年）、解散で難局を切り抜けています。

3　対米追随は、戦後日本の国体

日米関係が安定した時、長期政権となる――山口

戦後日本の長期政権は先に挙げたように、吉田・佐藤・中曽根・小泉・安倍と五例があります。この五政権から、権力持続の条件が浮かび上がってきます。その条件は「対米追随」「経済成長と国民生活の向上」「リーダーの課題挑戦」の三つです。ここまで考察してきた安倍政権の過度な権力集中は、他の長期政権にない特徴的な要素なのです。

対米追随から、話を進めていきましょう。戦後日本にとって、敗戦という大前提、そして東西冷戦という環境条件のもと、事実上の宗主国アメリカとの緊密な関係を維持することが、リーダーの最大の役割でした。アメリカとの関係を相対化して、自立をはかろうとするリーダーは失脚するという都市伝説のようなものさえ、生まれています。言わば、対米追随は戦後日本の国体《こくたい》（国家体制）のようなものなのです。

アメリカの占領下で憲法体制をつくり直し、冷戦構造のなかでアメリカが自民党政権を支えてきた経緯からして、長期政権がアメリカとの関係を維持するのは当然と言えば当然です。

吉田首相とダグラス・マッカーサー連合国軍最高司令官、中曽根首相とロナルド・レーガン大統領、小泉首相とジョージ・W・ブッシュ大統領、そして安倍首相とトランプ大統領というように、長期政権担当者は、首脳間に個人的に親密な関係を築いて政権基盤を安定させている特徴があります。

佐藤首相とリチャード・ニクソン大統領の間にはこのような関係がうかがえませんが、小笠原《おがさわら》諸島返還（一九六八年）と沖縄返還（一九七二年）など、戦後史に残る重要な交渉を成立させていますから、やはり友好関係にあったと言えるでしょう。

その佐藤首相の対米姿勢に、佐藤さんの腹の据《す》わった一面を見ることができます。

一九七一年、ニクソン大統領は中国・北京《ペキン》を訪問することを発表しました。日本の駐米大使に連絡があったのは発表三時間前。しかし、大使は不在で、首相官邸に伝えられたのは数分前でした。それまで、日米は親台湾《たいわん》で共同歩調を取っており、アメリカが中国政策を変更する際には、日本と協議することになっていた。それにもかかわらず、事前の相談もなく、この挙に出たことは日本にショックを与え、佐藤政権に大きな打撃となりました。

『佐藤栄作――戦後日本の政治指導者』（村井良太著、中公新書）には、この時の佐藤首相の反応を『佐藤栄作日記』（佐藤栄作著、朝日新聞社）から引用し、「『発表までよく秘密が保たれた事だ』と感心していた。連絡がギリギリまでなかった米国への批判は佐藤には感じられない」と記されています。「頭越し外交」を憤《いきどお》ることなく、座視するところが、佐藤首相の凄《すご》みです。

外務省にいらした佐藤さんにお聞きしたいのが、田中首相が一九七三年の石油危機（オイルショック）の時に資源外交を行ない、アメリカの逆鱗《げきりん》に触れたという陰謀論です。田中さんは日本のエネルギー自立を目指して中東外交、あるいはソビエト連邦（現ロシア。以下、ソ連）と経済協力をしようとしたから、アメリカの虎の尾を踏んで、政権を追われたとするものです。

同様に、民主党の鳩山由紀夫《はとやまゆきお》首相の失脚も、日米関係について対等を目指すと発言したり、沖縄・普天間《ふてんま》の米軍基地の県外移設を公約したりしたことが原因だとする説があります。

ソ連と中国に関心がなかった佐藤栄作——佐藤

戦後の日本にとって、東西冷戦を与件ととらえるならば、日米同盟も同様であり、それらに適合して生き残ろうとするのは、国家として当然のことです。

佐藤首相はアメリカと渡り合って交渉し、沖縄返還を成し遂げました。戦後日本の長期政権のなかで、戦後処理にあたった吉田首相を除けば、対米外交の成果がレガシーとなっている首相は佐藤さんだけです。

沖縄返還協定をめぐっては、外務省機密漏洩《ろうえい》事件が起こっています。これは、沖縄の日本復帰の見返りに、本来はアメリカが支払うべき土地の復元費用四〇〇万ドルを、日本政府が肩代わりしてアメリカに支払う密約があったことを、毎日新聞の西山太吉《にしやまたきち》記者が社会党の国会議員に漏洩した事件です。

当時、外務省アメリカ局長として対米交渉にあたったのは、吉野文六《よしのぶんろく》さんです。吉野さんは事件の公判で「密約は存在しない」と証言して、政府の立場を正当化するうえで重要な役割を果たしました。西山記者は有罪になりましたが、政府は密約の存否を明らかにしませんでした。

しかし、吉野さんは二〇〇六年、北海道新聞の取材に「復元費用四〇〇万ドルは日本が肩代わりした」事実を認め、「沖縄が返るなら四〇〇万ドルは日本側が払いましょうとなった。佐藤栄作首相の判断」であると述べました。

佐藤さんは首相就任の翌年、沖縄・那覇《なは》空港で「沖縄の祖国復帰が実現しないかぎり、わが国の戦後は終わらない」との声明を発して、沖縄返還に執念を燃やします。その交渉の過程で、非常時には沖縄に核が持ち込めるという密約を結びました。

吉野さんからは、佐藤首相は反共的で、きわめてイデオロギッシュな人だったと聞いています。日ソ関係の改善や日中国交回復には、まったく関心を示さなかったという。佐藤首相の視座には、個人の情念である反共を封印しても、国家・国益優先があった、と見ることができます。

ソ連に近づいた田中角栄——佐藤

田中さんに関する陰謀論はイエスでもあり、ノーでもあります。外務省内のアメリカ・スクール(親米派)の一部の人たちは「これをしたらアメリカの虎の尾を踏みます」などと言って、彼らの意に反することをやろうとする政治家を妨害することがあるのです。

田中さんの日中国交正常化が、アメリカを出し抜く形《かたち》だったので、アメリカを逆撫《さかな》でしたとの説もありますが、対ソ戦略の観点から中国との関係強化がアメリカの国策でしたから、田中さんに中国外交の主導権を奪われたからけしからんとはならなかったと思います。ニクソン大統領、ヘンリー・キッシンジャー国務長官が北京を訪問したあとですから、アメリカは日中国交正常化も当然、想定していたでしょう。

アメリカが警戒したのは、むしろ日ソ関係だったと思います。田中さんはソ連の石油に関心を持っており、明らかに資源外交という狙いはありましたから。

鳩山さんの普天間基地の県外移設は、民主党内できちんとした議論がなされていなかったことと、連立を組んでいた社民党の離脱を防げなかったことに問題があって、アメリカの圧力ではありません。

アメリカとは、話し合いすらできていませんでした。外務省の官僚がアメリカを刺激してはいけない、怒らせてはならないと忖度して案をつくらせなかったからです。外務省には、アメリカという印籠《いんろう》を使えば何かが実現できる、と思っている人たちは少なからずいます。アメリカの国益を、最優先に配慮しているのです。

アメリカの何が怖いのか――佐藤

外務省条約局の人たちは、よく「日米関係は大丈夫か」と言うのですが、その根底には「天皇制が崩れる恐怖心」があります。

この恐怖心は、太平洋戦争末期における「首の皮一枚で天皇制を守ることができた」という思いから来ています。陸軍と外務省は、国体護持《こくたいごじ》（天皇制をもとにした国家体制の堅持）の条件のみをつけたポツダム宣言受諾通知への回答書の一文「天皇および日本国政府の国家統治の権限は、連合軍最高司令官にsubject toする」をめぐって対立しました。

陸軍は「subject to」を「隷属《れいぞく》する」と訳して、問題視します。いっぽう、外務省は「制限の下に置かれる」と読み取ることにして、受諾を主張。結局、天皇の決裁を受けて、終戦が決定しました。陸軍の主流派が徹底抗戦を主張するなか、戦争を収束させるためにがんばったのが外務省だ、という意識が外務官僚には強いのです。

外務官僚は、天皇制の護持こそ日本国家の目標であると考える。ところが、戦後、万邦《ばんぽう》無比《むひ》の国体が日米同盟とアマルガム（混合物）になりました。しかも、外務官僚は国際法優位の一元論ですから、憲法よりも国際的な約束、すなわち日米安全保障条約（正式名称・日本国とアメリカ合衆国との間の相互協力及び安全保障条約）を上位に置きます。

そうすると、対米自主性を発揮するような政権が出てくると、それをきっかけに国体が壊れるのではないかという恐怖心を持つのです。陰謀論や対米従属というよりも、より内発的な国体の危機を感じるわけです。

外務省には、アメリカを怒らせると、どういうことになるかわからないぞといった空気がまちがいなくある。少なくとも、アメリカ・スクールの人たちには。そして、日米同盟がわれわれの国家体制の基盤にあると、固い信念を持っているのです。

見返りがない追随――山口

安倍首相の対米外交は、首相就任当初の中曽根さんの対米追随に重なって見えます。中曽根さんも安倍さんも日米安全保障体制の強化を掲げ、レーガン大統領・トランプ大統領の懐《ふところ》に飛び込み、「ロン・ヤス」「ドナルド・シンゾー」と愛称で呼び合う親密関係を築きました。二人の対米外交は親密な個人関係にもとづく、まさにトランプ大統領が言う「ディール（取引）」です。

中曽根政権が誕生した頃、世界は東西冷戦の最終局面にあり、アメリカがソ連を追い詰めている時期でした。いっぽう、日米間は貿易摩擦が深刻化していました。

中曽根首相はアメリカとの関係改善を最優先とし、アメリカの軍事戦略に協力して「防衛費GNP（国民総生産）一％枠」を撤廃。その結果、P－3C対潜哨戒機・F15J戦闘機などの武器を購入し、自衛隊の増強が進みました。これを足がかりに西側での発言力が増し、政権基盤は強固になっていきます。貿易摩擦では、たがいの選挙事情から譲歩しあっています。

安倍さんも、アメリカから大量の武器を買わされていますが、二〇一九年七月の参議院選挙前には、トランプ大統領が厳しい貿易交渉の結果を先送りする配慮をしています。中曽根さんはアメリカへの追従を強めたとされ、「使い走り」と揶揄《やゆ》されました。安倍さんも、対米従属を深めていると批判されています。

佐藤首相の沖縄返還以降、アメリカ大統領と親密な関係を築いても、アメリカからは特筆するような見返りはありません。安全保障を人質に取られて、アメリカの要求を聞き入れるばかりです。

米軍駐留経費の負担協定は二〇二一年三月で失効するため、二〇二〇年秋から協議が始まります。アメリカは日米協議に先立ち、韓国と防衛費負担の更新をめぐって激しい交渉を続けています。具体的には、現行八億ドルの負担金を五〇億ドルに増やせとの要求です。そして、「日本とも、韓国との交渉と同じような考え方で交渉する」と、日本政府に告げてきています。

安倍政権は数の力によって国会で法案を通していますが、これはアメリカにとって要求を突きつけるのに好ましい状況です。アメリカは今なら望みどおりになる、と思っているのかもしれません。

二〇二〇年一一月には大統領選挙がありますが、トランプに「お返し」をすることになるのでは、と危惧《きぐ》します。安倍さんの祖父・岸信介《きしのぶすけ》首相は安保条約の改定により「対米自立」を追求しましたが、安倍さんにはそれがまったく見えません。

安倍首相の対米自立志向——佐藤

中曽根さんは東西冷戦の緊張が高まっている時期に、「日本列島を不沈空母のように強力に防衛する」と発言し、日本の首相としてはじめて「日米同盟」の重要性を明確に打ち出しました。日米安全保障条約ではなく、日米同盟という言葉が抵抗なく使われるようになったのはこの頃からです。

岸さんは戦前、農商務省（のち商工省）の革新官僚であり、保守革命的な思想を持っていました。戦後、開戦時の閣僚（商工大臣）だったことから公職追放されますが、解除後の一九五三年、反共社会主義政党で国家統制的でもある右派社会党から衆議院選挙に立候補しようとします。ところが、社会党内の反対が激しく、入党を拒《こば》まれ、吉田首相が率いる自由党に入党して当選を果たします。

翌年、自主憲法制定を目指し、吉田首相の対米従属路線に反発したために、自由党を除名されてしまいます。このように、岸さんは日本の対米自立を強く意識していた政治家です。

一九五一年の旧日米安全保障条約は、占領下の状態を続ける保護協定的な性格が強いものですが、岸さんが首相の時に締結した一九六〇年の新安保条約には、日本が攻撃された際には共同防衛にあたることや事前協議など縛《しば》りがかかっています。岸さんは、対等なアメリカとの軍事同盟を追求しましたが、新日米安全保障条約の締結には国民の反発が大きく、退陣を余儀なくされます。ちなみに、民衆の力で政権を倒せたのは、この六〇年安保の時だけです。

私は、安倍さんにも対米自立志向があるのではないかと考えています。たとえば、二〇一九年一二月、アメリカと緊張関係にあるイランのハサン・ロウハニ大統領が訪日しましたが、これは対米自主性の発揮と読み取ることができます。

ロウハニ大統領は帰国後、国営テレビで「日本は（ペルシャ湾）地域の安全保障に関する米国の計画に参加しないと発表した。われわれはこれを歓迎する」と述べているように（「朝日新聞デジタル」二〇一九年一二月二三日）、日本がアメリカと共同歩調を取っていないと認め、そのことを評価しています。

いっぽう、小泉首相は対米追随一本槍で、国際協調もアメリカの政策との整合性の範囲内で展開していました。二〇〇一年九月の同時多発テロを契機に、日本の中東政策はイラクに自衛隊を派遣するなど、アメリカの戦略に組み込まれていくのです。

一九九〇年代、日本とアメリカの蜜月関係に亀裂が入ります。一九九一年に起きた湾岸戦争の際、自衛隊派兵を断《ことわ》って以来、アメリカから日本は「一国平和主義」だと非難されるようになりました。そこで、小泉さんがなりふり構わず自衛隊の海外派遣の道を開き、悪化していた関係を修復します。しかし、日米関係は強化されたものの、中国・韓国との対話は途絶え、ロシアとの領土交渉は停滞しました。

安倍さんは積極的に海外訪問を展開しており、小泉さんとは明らかに外交姿勢が違います。その根底には、対米自立があると見ていいのではないでしょうか。また、側近の官邸官僚に、これまでの霞が関の因習「恐米」にとらわれないところがあることも、それを補《おぎな》っていると思います。

具体例を挙げましょう。二〇二〇年六月一五日、河野太郎《こうのたろう》防衛相が記者団に対して、陸上配備型迎撃ミサイルシステム「イージス・アショア」の配備計画を停止すると表明しました。理由について河野防衛相は、迎撃ミサイルを打ち上げた際に切り離す推進装置「ブースター」の落下で、住民の安全を確保するためにコストと時間がかかるからだと説明しました。

私が得た情報では、河野さんは一二日に安倍首相と菅官房長官にイージス・アショアの配備計画を停止する意向を伝え、了承を得たのですが、どのように発表するかについて首相官邸と打ち合わせていなかったようです。そのため、河野さんの突然の発言で一時、永《なが》田町《たちよう》（政界）と霞が関（官界）は騒然となりました。特に、自民党に対して事前の説明がまったくなかったために、一六日朝の自民党国防部会では、机を叩《たた》き、怒鳴る人もいて大荒れだったと言います。

政府は、北朝鮮の弾道ミサイル対策として、二〇一七年一二月にイージス・アショアの導入を決定し、二〇一九年五月、防衛省が陸上自衛隊の新屋《あらや》演習場（秋田市）とむつみ演習場（山口県萩《はぎ》市）を配置の「適地」とする報告書をまとめました。しかし、秋田県に提出した報告書に誤りが発覚し、地元の反発が強まったため、防衛省は新屋への配備をあきらめ、東日本の新たな配備先を検討しているところでした。今回のイージス・アショアの配備計画を中止した事実からも、日本政府がアメリカの要請を拒否できることが可視化されました。

4　政権維持の方程式

表象だけのアベノミクス——佐藤

第二次安倍政権以降、日経平均株価は約七年間で二・三倍になっています。(「日本経済新聞」二〇一九年一一月二〇日)。安倍政権が支持されてきたのは、この株価の上昇に象徴される経済面が大きい。

そして、経済重視が政権基盤を支える重要な条件になりえるのは、「代表制民主主義(間接民主主義)」という政治形態をわれわれが採っているからです。

哲学者G・W・F・ヘーゲルは「市民社会は自分のみの欲求を満たそうとする欲望の体系である」と述べ、市民社会(資本主義社会)は人間どうしの利用・被利用の関係を基本とする「欲望の王国」と考えました。つまり、代表制民主主義の根源は欲望の追求です。

代表制民主主義の本質は、大衆の意思を政治に直接流入させないことですから、代表者は大衆の欲望を満たす努力をすることが、言わば義務なのです。ということは、経済がうまくいっている、あるいはうまくいっているように見える「表象（シンボル・イメージ）」が維持されているかぎり、政権は維持できます。これは、普遍的な原理です。

日本、スーダンに次ぐ世界第三位の借金国（対ＧＤＰ比）ギリシャは正常な経済活動を営《いとな》めず、失業率が一七％弱に達しています（二〇一九年八月・ギリシャ国家統計局）。国民の間には不安・不満が鬱積《うっせき》しており、デモという政治的行動に訴える。しかし、国民の多くが政治にかまけて生産活動に従事しなければ、経済はますます悪化します。

このように、政治活動と経済活動はトレードオフの関係にあり、大衆が政治に求めるのは、経済の成長・経済の安定なのです。

選挙となると、候補者はよく「減税」をスローガンに掲げます。このスローガンは「減税はみんなにとって益《えき》になる」と思わせる効果があります。減税をシンボルにしたイメージ、これが表象ですが、はたして実体はどうか。

所得税にしても消費税にしても、減税は富裕層がさらに有利になることは明白です。富裕層と大多数の庶民との間の格差が拡大します。それにもかかわらず、減税のスローガンが、有権者である庶民をとらえてしまう。表象と実体は一致しません。

アベノミクスの経済効果も、実は表象です。もともとは経済回復を目標とした経済政策でしたが、国民全般に恩恵があるかというと、そうではない。その効果がはっきりと表れているのは、良好な雇用と株高だけ。雇用が良好で企業収益が好調なので、経済がうまくいっているように見えますが、全体の利益にはなっていない。

良好な雇用は若年層に顕著で、新卒者のなかには「就職できたのはアベノミクスのおかげ」と言う人もいます。彼らは、就職氷河期を経た四十代が非正規社員でいる現状を見ており、「あのようにはなりたくない」という恐怖感があります。二〇〇八年のリーマン・ショック以後の雇用情勢の悪化を、安倍政権が改善してくれたと思っているわけです。

株高の恩恵を受けたのは、主に高齢者です。国内で株を保有している個人は一割強にすぎず、多くが六十代以上です。前述のように、コロナ禍までは株価は確実に上昇していましたから、彼らの含み資産が増えていました。資産価値を上げている政権に対して、「まあ、いいじゃないか」と強い抵抗はありません。

つまり、アベノミクスの果実を手にできたのは、若者と高齢者の一部だけ。「全体の利益」を訴えた経済政策は、実は「一部の個の利益」をはかるものでした。それでも、アベノミクスという造語が、経済がうまくいっていることの表象になっているのです。

政治の世界も同様です、自民党の多くの国会議員が、安倍首相を表象に使っています。そして、有権者も自分の利益を代表していないにもかかわらず、安倍さんが首相でいるかぎり安心だからというイメージで、その候補者を選び、国会に送り出しているのです。

経済は株価なり——山口

コロナ禍で、アベノミクスの成果の検証は不完全なものになってしまいましたが、惨禍以前でも、人々の生活実感において、景気回復は感じられませんでした。実質賃金などは、確実に低下傾向にあります。

それでも、安倍政権が肯定されているのはご指摘のとおりで、失業率は欧米先進諸国に比べてきわめて低く、経済がうまくいっているように見えるからです。

安倍政権の特徴は若年層の支持が高いことにあり、二十代の支持率は全世代を通じてもっとも高い。その理由は「就職がいいから」の一言に尽きます。教え子たち（法政大学生）を見ても、コロナ危機の前までは就職活動はそれなりに大変ではあるけれど、みんなそこそこの企業に就職できています。だから、不満が出るはずもない。有権者は、自分の生活が困らなければ、政権に矛先《ほこさき》を向けませんから。

そもそも、アベノミクスが何を目的としてどのようなものであるかを答えられる人は、どれほどいるでしょうか。アベノミクスは、経済回復を目標に打ち出された「大胆な金融政策」「機動的な財政政策」「民間投資を喚起する成長戦略」という「三本の矢」と称される三つの経済政策でした。

その具体的成果は、二〇一三年に導入された「異次元金融緩和（二％の物価目標を達成するまで継続するとした金融緩和策）」による円安と企業業績の改善、それにともなう株高と良好な雇用になるのでしょうけれど、経済成長はきわめて小さい。イノベーションが起こった、あるいは世界的に注目される日本企業が出てきたことはない。むしろ、これまで日本を支えてきた、東芝など名門企業の衰弱が目立ちます。

しかし、人々には経済がうまくいっているように見えてしまう。その実情は、リーマン・ショック後に団塊の世代が定年を迎えて、働く世代の減少による人手不足によるものですが、企業の業績が良くなったので雇用も改善された、と思っている。企業の業績の良し悪しは株価に現れている、つまり「経済＝株価」と見ているのです。

有権者の利益と支持率の関係――山口

佐藤さんが「全体の利益」と「個の利益」について言及されましたが、アメリカの政治学者ロバート・ダールは「リベラル・デモクラシー（自由民主主義）」は部分的利益を政治過程に表出したものだと述べています。具体的には、圧力団体や利益集団のエージェントとしての議員が立法活動や予算編成などを行ない、支持母体や地域に利益を還流するシステムが「デモクラシー」である、と。

さまざまな集団が自身の利益を主張すると、その利益は予定調和的に統合される。マーケットにおける「神の見えざる手」は政治過程にも存在するというのが、アメリカ政治学のドグマでした。それを支えたのは、第二次世界大戦後の経済発展です。

日本でも、一九四〇〜一九五〇年代の吉田政権から一九八〇年代の中曽根政権まで、そのことが見て取れます。

吉田首相の外交政策、いわゆる「吉田ドクトリン」以降、日本経済はダイナミックに動いていきます。吉田ドクトリンとは、安全保障の多くをアメリカに依存し、経済の復興と発展を最優先とする、すなわち軽武装・経済外交を基本とした国家方針です。これによって、経済復興はもとより、世界の大国としての地位を回復することになります。

一九五〇年の朝鮮戦争による「朝鮮特需」をきっかけに、日本経済は急激に上向き、吉田首相の退任の年には、神武《じんむ》天皇以来の好景気を意味する神武景気（一九五四〜一九五七年）が到来します。一九五五年からは高度経済成長期を迎え、一九七三年の石油危機まで続きました。この間、岩戸《いわと》景気（一九五八〜一九六一年）、オリンピック景気（一九六二〜一九六四年）、いざなぎ景気（一九六五〜一九七〇年）と立て続けに大好況が起こっています。佐藤政権下の一九六〇年代は、経済成長率は年平均一〇％を超えていました。

この時代、さまざまな「個の利益」が政治過程で統合されて「全体の利益」となっていました。吉田・佐藤政権は、外的要因も多分にあるとはいえ、国民にとっては、欲望をかなえてくれる良い政権だったのです。

一九七〇年代に入ると、高度経済成長の成果として消費社会が到来します。しかし、一九七〇年代半ばから景気が後退し始め、一九七五年には赤字国債が発行されました。以後、国債発行が常態化します。

経済成長は一九八〇年代に回復し、中曽根政権下で世界最大の貿易黒字国となります。地域格差も縮小して、消費文化が進みました。まだ、国民全般に、果実が行き渡っていたのです。一九八〇年代後半には、バブル景気が発生。一九八九年一二月二九日、日経平均株価は史上最高値の三万八九一五円（終値）を記録します。同年、企業価値を示す時価総額ランキングにおいて、日本企業は一〇位までに七社が入っていました。まさに、つかの間の夢です。

翌一九九〇年、年初から株価は下がり、バブル経済は崩壊。景気は後退と低成長に終始し、一九九〇年代後半になるとデフレが進行して、人々は暮らしの豊かさが実感できなくなります。就職氷河期により、大量の非正規社員が生まれたのもこの頃です。

景気の低迷は二〇一一年の東日本大震災まで続き、のちに「失われた二〇年」と呼ばれます。そして、二〇〇一年に熱狂とともに誕生した小泉政権下、バブル経済の処理が進み、経済成長率は最高で二％と、低空飛行ながらも雇用情勢が好転します。

安倍政権下でも成長率は一％前後で、民主党政権時代の三・五％を超えていませんが、前述のように、安倍政権の支持率は高い。「個の利益」をかなえること、あるいはかなえられたように思えることが支持率に結びつくのです。

長期政権となる要因――佐藤

株高は安倍政権のみに見られる現象ではなく、長期政権に共通する要素です。他の四政権における株価の上昇率について見てみましょう。

第二次安倍政権発足時、一万円前後だった日経平均株価は七年後の二〇一九年一一月には二万三〇〇〇円台にまで上昇しています。前述した株価の上昇率二・三倍は、戦後歴代三位です。第一位は佐藤政権(三・一倍)、第二位は中曽根政権(二・九倍)と、いずれも長期政権です(「日本経済新聞」二〇一九年一一月二〇日)。

別なデータですが、吉田政権も上昇率は高かったようです。小泉政権は、発足後二年間は株価が低迷し、バブル後最安値まで下降しますが、退任時には一〇%超まで上昇しています。

逆に、それぞれ一年という短命政権だった福田康夫《ふくだやすお》・麻生太郎・鳩山由紀夫・菅直人《かんなおと》・

野田佳彦《のだよしひこ》政権において、株価は軒並《のきな》み下落しています。過去にさかのぼっても、その傾向は変わりません。もちろん、株安だけで短命だったわけではなく、政権運営の失敗も大きな要因ですが。

輸出産業を好調に導く円安効果も、政権持続の追い風になります。中曽根政権も小泉政権も、発足時は円安期にありました。安倍政権も、強固な支持基盤は円安効果に負うところが大きいのです。異次元金融緩和は、政権発足時一ドル八〇円台だった円相場を二〇一五年一月には一一八円前後に押し下げています。ちなみに、吉田・佐藤政権下での為替レートは一ドル三六〇円の固定相場制であり、日本企業が安定して収益を稼《かせ》ぎ出す構造にありました。

このように見てくると、「(株高＋円安)×対米追随」が長期政権の方程式と言えるのではないでしょうか。

レガシーを残す首相、残せない首相――山口

安倍さんになく、他の四人の首相にあるのがレガシーです。具体的には、吉田首相のサ

ンフランシスコ講和条約、佐藤首相の沖縄返還、中曽根首相の国鉄分割民営化、小泉首相の郵政民営化です。

安倍さんは憲法改正、北方領土返還、拉致問題解決などの重要な政策課題に取り組んでいますが、いずれも見通しは明るくありません。

課題を設定してそれに挑戦するリーダーはうまくいけば格好いいし、支持率も高くなります。たとえば、小泉さんは「自民党をぶっ壊す」と宣言し、みずから風を起こして大衆人気を得て、郵政民営化というシンプルな課題を成し遂げました。

聞こえのいいワンフレーズのスローガンを絶叫しながら、「聖域なき構造改革」に反対する党内の議員・官僚・マスメディアをまとめて「抵抗勢力」として可視化し、闘う姿勢を見せる劇場型の演出で世論を味方につけ、レガシーを残したのです。支持率は退任するまで、ほぼ四〇%以上をキープ。政権発足時の八五%は、歴代首相の最高支持率です。

ただし、課題挑戦型には落とし穴もあります。大きな政策課題を設定して取り組むと、その政権の意味が規定されます。そして、課題が達成されれば、その政権の使命は終わることになり、退場を余儀なくされる。長期政権にならない可能性があるのです。

また、難しい課題を設定すると、無理をして墓穴を掘ることもあります。たとえば、一九九六年に首相に就いた橋本さんは、行政改革・財政構造改革・金融システム改革・経済構造改革・社会保障構造改革・教育改革を「六大改革」として、その実現に意欲を燃やしました。当時の自民党は梶山静六《かじやませいろく》さん・加藤紘一《かとうこういち》さん・山崎拓《やまさきたく》さん・野中広務《のなかひろむ》さんなど、有能な政治家がひしめいていました。しかも、小沢一郎《おざわいちろう》さんがつくった新進党は瓦解《がかい》して、野党不在状況でしたから、橋本政権は長期政権になるはずでした。

ところが一九九七年、三洋証券や北海道拓殖銀行が破綻。山一證券が自主廃業に追い込まれるなど、金融危機に襲われます。そして、翌年の参議院選挙で大敗し、退陣することになります。デフレスパイラルの危機に直面している時期に、「金融ビッグバン（銀行・証券・保険の規制緩和）」を行なったこと、また「恒久減税」をめぐる橋本さんの発言のブレが有権者の離反を招いたのです。思いが勝ちすぎて、時を見誤り、レガシーを残すことができなかった。

安倍さんの場合はどうでしょう。コミットメントする感覚がないために、さまざまなテーマを次から次へと繰り出すことに、なんら痛痒《つうよう》を感じていないようです。変わり身が早いのか、機会主義（オポチュニズム）なのか。ですから、落とし穴にはまることはないかもしれません。ただ、現時点での成果と言えば、日米同盟がうまくいっていることだけのように思えますが、佐藤さんはどのように見ていますか。

成果がなくても最長政権となった謎――佐藤

安倍さんはポストモダン的（モダン＝目標を設定して進展させようとすること）であって、目的論的ではありません。安倍さんはレガシーを残すために憲法改正を掲げているのでしょうが、どのように改正するのかがよくわからない。

最初は改憲条項（憲法改正の手続きについて定める条項）でしたが、それが難しいとなると、第九条に新しい条文を加える「加憲」になりました。ただし、「加憲」を言い出したのは、公明党の太田昭宏《おおたあきひろ》前代表です。しかし、これも集団的自衛権の一部容認に踏み込んだところで、意味をなさなくなってしまいました。このように、憲法改正の議論は順を追っていくと、整合性に欠けます。

政治状況を見ても、改憲勢力が衆参両院で三分の二以上を占める状態がずっと続くことはありえない。三分の二を確保している間に、工程表をつくって憲法改正に取り組むはずでしたが、本人がそこまでの戦略を持っていなかったのでしょう。

では、安倍政権の成果は何か。

安全保障関連法はフルセットの集団的自衛権が使えないのだから、成果とは言えません。しかも、これをまとめ上げたのは公明党です。税制は旧民主党を含めた三党合意ですから、これも成果とは言えない。安倍政権は「成果が見えない最長政権」と言うのが、もっとも適しているように思います。そして、冒頭で述べた「日本国家と日本人の生き残り」が、安倍政権の大命題ということになります。

ただ、目立った成果がないのに政局は安定しています。その安定を支えてきたのが、公明党です。その公明党は自民党に寄り添っているように見えながら、実はそうではない。安全保障関連法で、集団的自衛権におけるフル行使に歯止めをかけたり、消費増税では軽減税率を導入したりと、自民党への抑止力となっています。公明党は、憲法改正に根強い反対論がある創価学会が支持母体ですから。

しかし、選挙で頼れるのは公明党なので、政策的に公明党とぶつかることは選挙対策上できません。そうなれば、憲法改正はどんどん遠のいていきます。今後、公明党とどうつきあっていくべきか悩んでいるのが、今の自民党の実態でしょう。

5　長期政権が終わる時

長期政権が終わる時に共通すること——山口

では、過去の長期政権がどのように幕を下ろしたのかを見てみましょう。

余力を残し、有終の美を飾って去っていったのは、中曽根首相と小泉首相です。吉田首相と佐藤首相は、花道を飾っての退任ではありませんでした。

吉田首相の退任は、一九五四年に起きた贈収賄《ぞうしゅうわい》事件・造船疑獄が引き金になっています。側近の佐藤栄作自由党幹事長が関与していたことで、世論の轟々《ごうごう》たる批判を招いたのです。不信任決議案を突きつけられても、「解散で対抗する」と強気でしたが、周囲の説得で総辞職を決断。政界を去りました。

佐藤首相は「使命を達した」と自負していますが、不信任決議案は否決したものの、沖縄返還から一カ月後に退陣。政界から引退しています。退陣の際の記者会見では「新聞記者とは話をしない。帰ってください」と言い、テレビカメラに向かって一人で演説しました。前代未聞です。

中曽根首相は竹下登幹事長・安倍晋太郎総務会長・宮澤喜一大蔵大臣の三人のニューリーダーのなかから、みずからの裁定によって竹下さんを後継首相に指名しています。退陣後も議員バッジをはずすことなく、自民党の長老として重きをなしました。

小泉首相は自民党総裁任期を満了して、首相の座を退《しりぞ》きました。退陣の二年後に政界を引退しています。

長期政権への国民の飽《あ》きであったり、政治家の権力欲が抑え切れなくなって、安定した政権の権力者に対してもチャレンジが始まったりするのは、自然の現象だと思います。政権担当者がそれを察知した時が、辞め時ということになるのでしょう。吉田さん以外の三人は、それに気づいていたと思います。

四選待望論に立ちはだかるコロナ禍――佐藤

吉田さん以外の三人は、自分の限界効用が逓減《ていげん》して臨界点に達したという意識を持っていたから、下ろされるのではなく、自分から下りていった。これ以上継続したら危ないと感じたから、余力を残した辞め方になるのでしょう。

コロナ禍が起きるまで、二〇二〇年一一月のアメリカ大統領選挙でトランプ大統領が再選すれば、安倍さんの続投というシナリオが現実味を帯びると、私は見ていました。トランプ大統領が再選されると、その任期は二〇二四年まで。いっぽう、安倍さんの自民党総裁任期は二〇二一年九月までで、これが四選となると二〇二四年までとなり、ピタリと合う。

米軍駐留経費の負担協議が二〇二〇年秋から始まれば、交渉ができるのは安倍さんぐらいでしょう。また、イランに行って最高指導者アリ・ハメネイ師と会うことができるのは、西側の首脳では安倍さん以外にいません。ロシアのプーチン大統領、中国の習近平《シーチンピン》国家主席は二〇二四年以降も権力の継続が決定しており、外交面から見れば、二〇二四年までは代われないと思っていたのです。

しかも、安倍さんは国政選挙で勝ち続けています。安倍さんを表象として使い、自分たちの地位を保全してきた自民党の議員たちに、安倍さんの四選を望む声は少なくない。ただし、自民党の党則では総裁は連続三選までとなっていますから、四選には党則の改正が必要となります。また、権力を縦《ほしいまま》にしている官邸官僚も、この政権が長く続くことを望むでしょう。

安倍さん自身に四選の希望はなかったとしても(実際、否定していますが)、周囲は安倍さんの気持ちをなんとしても四選に持っていこうとするはずです。「そう簡単に辞めてもらっては困る」と、辞めさせてもらえない状況がつくられていく。そして、党内・政権内の事情を国民が追認して四選を果たすというのが、私が予想していたシナリオです。

しかし、コロナ禍によって、大きく状況が変わりました。コロナ禍に対する経済対策が、四選の可否を決定するでしょう。その評価をするのは国民ですから、世論が四選の鍵《かぎ》を握ることになります。「表象としての経済」ではなく、「実体のある経済対策」で国民は評価する。

安定をもたらしてくれるリーダーか、あるいは混乱を拡大するリーダーなのかと、はじめて実体としての能力が試されることになるのです。

二〇二〇年五月下旬、安倍内閣の支持率が毎日新聞で二七％、朝日新聞で二九％になりました。内閣支持率が三〇％を切ると危険水域に入るので、安倍政権はもう長くないという見方もありますが、そう決めつけるのは早計と思います。

野党の現状を見ると、政権交代の可能性は低い。自民党だと岸田文雄《きしだふみお》さんと石破茂《いしばしげる》さんが有力候補ですが、二人とも自民党内の権力基盤は強くない。しかも、岸田さんや石破さんに心酔している官僚もほとんどいない。さらに、安倍政権と検察の関係が緊張している。安倍政権後、石破さんが首相になれば、検察は安倍さんに近い官僚や政治家を狙い撃ちにする可能性がある。

こういうことを考えると、安倍首相は権力に固執《こしつ》すると、私は見ています。また、コロナ禍で混乱を嫌う傾向が、国民の間で強まっています。そうすると、安倍後の混乱を嫌って、今の政権を消極的に支持する人が多数派になる可能性は十分あると思います。

第二章 長期政権が変えた世界

1　民主主義と資本主義の均衡

大きな政府か、小さな政府か――山口

本章では、日本と、日本に大きな影響を与えたアメリカ・イギリスの長期政権を取り上げ、国家の政治体制と経済体制の均衡に、長期政権がどのような役割を果したのか、民主主義と資本主義の関係を視点に、論考を深めていきたいと思います。

長期政権は、社会と経済に秩序と安定をもたらすことでなりえます。これは、政治体制と経済体制の均衡が保たれていることを示しています。

そもそも、民主主義という政治体制と、資本主義という経済体制の関係には、矛盾と弊害を孕《はら》んでいます。端的に言えば、民主主義は国によって程度の違いはあっても、平等を志向する政治体制であり、資本主義は自由競争によって利益を追求する経済活動です。

前者は、「大きな政府」に行き着きやすい。生活に困らない人にすれば、政府の〝お節介〟はないほうがいいですが、社会において豊かな人は常に少数派ですから、多数意見に

従えば、生活に困る人を助ける政府ができるわけです。具体的には、政府が経済活動に積極的に介入して、所得格差の是正、社会保障の拡充などで利益の再分配を行ないます。この時、国民の平等への要求が強まると、自由競争が過度に規制されて、資本主義の機能を阻害。社会主義・共産主義社会に近づいた政治・経済体制となります。

後者は、民主主義的要素が抑制された自由競争社会です。政府の介入を最小限にとどめようとすることから、「小さな政府」と呼ばれます。民主主義の原理による再分配の要素が極小化すると、規制緩和、減税、社会保障制度の見直しなどが進み、貧富の差の拡大、地域間格差といった問題が生じます。

このように、大きな政府と小さな政府はシーソーの関係にあり、世界や国内の政治・経済情勢、あるいはリーダーの国づくりの志向によってどちらかに傾《かたむ》きます。

日本の長期政権では、戦後の混乱期にあった吉田政権を除くと、「社会開発」というスローガンを唱えた佐藤政権がどちらかというと大きな政府路線、中曽根・小泉・安倍政権は小さな政府路線です。いずれも、当時の国民が志向し、受け入れられたからこそ、長期政権となったのでしょう。

民主主義+ケインズ主義——山口

世界に目を転じると、一九三〇年代から一九九〇年代までは、民主主義と資本主義が噛《か》み合った関係が保たれた時代でした。その関係を最初に築いたのが、アメリカ史上唯一、四選を果たしたフランクリン・ローズヴェルト大統領です。

ローズヴェルトは民主党から大統領選挙に出馬し、一九三二年に当選します。そして、一九二九年の株価暴落に端を発した世界恐慌に対して、「ニューディール（新規まき直し）」と呼ばれる経済政策を採り、未曽有の危機を収拾しました。

ニューディール政策は、政府が公共事業など経済活動に積極的に介入することで、完全雇用を生み出す有効需要をつくるというもので、イギリスの経済学者ジョン・メイナード・ケインズが提唱した「ケインズ主義」と重なります。労働者保護や社会保障の充実をはかり、弱者を救済して内需を回復するというものです。

つまり、大きな政府によって恐慌を克服《こくふく》し、危機にあった資本主義経済を再生させたと評価されたわけです。そして、「民主主義+ケインズ主義」は、第二次世界大戦後の西側先進諸国の政治・経済体制のモデルとなります。

しかし実際は、アメリカ経済の景気回復は第二次世界大戦によるもので、戦争が有効需要をつくり出したのです。

ローズヴェルトはニューディール政策を進めるうえで、行政府への権力の集中を強固にしました。危機に対処するには、大統領に権力を集中しなければならないとして、議会に諮《はか》らずに政策を進めていったのです。アメリカ政治において、それまでにない強硬な政権運営でした。これは、安倍政権にも見られる、行政権優位の政権運営です。

最高裁判所がローズヴェルトの政策に対して違憲判決を出すと、裁判所の人事にまで手を突っ込みました。トランプ大統領が、同じようなことをやっていますね。

真珠湾攻撃が歴史を変えた——山口

アメリカは民主主義の総本山と見られていますが、一九三〇年代は勢力を拡大していた共産党やファシズムに対するシンパシー、反ユダヤ主義など左右の過激化があり、不安定な政治状況にありました。

実際、ローズヴェルトは大統領就任の翌年、暗殺未遂に遭《あ》っています。もし殺されていいたら、党内のライバルだったヒューイ・ロングが大統領になっていたかもしれません。ロングはルイジアナ州知事、上院議員を務めましたが、今日のポピュリストの先駆けのような危なっかしい人物です。

二〇〇四年に刊行された小説『プロット・アゲンスト・アメリカ——もしもアメリカが…』（邦訳は二〇一四年、フィリップ・ロス著、柴田元幸訳、集英社）には、「一九四〇年の大統領選挙でリンドバーグが当選した」という反実仮想以外は、危《あや》うい政治状況が写実的に描かれています。

チャールズ・リンドバーグは、一九二七年に大西洋単独無着陸飛行にはじめて成功した飛行家として知られていますが、アメリカの孤立主義（モンロー主義。後述）の支持者であり、ナチス・ドイツへのシンパシーを隠さなかった人物でした。

小説では当選となっていますが、実際に共和党にリンドバーグを大統領候補に立てる動きがありました。しかし、彼がナチス・ドイツの指導層と親しく接触していて、同調者という非難を受けていたため、大統領選挙の立候補は実現しませんでした。もし大統領になっていたら、アメリカが孤立主義で中立を保ち、イギリスがナチス・ドイツに追い詰められていたかもしれません。

一九四〇年、ローズヴェルトは史上はじめて三選されます。当時、合衆国憲法は三選を禁じていませんでしたが、初代大統領ジョージ・ワシントンの例にならい、ほとんど三選に挑《いど》まなかったのです（合衆国憲法は一九五一年に改正され、三選は禁止となる）。

翌年一二月、真珠湾攻撃が起こります。歴史の転換点となった、日本軍の奇襲です。これを契機にアメリカは太平洋戦争に突入し、ドイツとも戦火を交《まじ》えます。このローズヴェルトの決断が、二〇世紀の歴史を決定づけました。

ローズヴェルトは、第二次世界大戦を「民主主義とファシズムの闘い」と意味づけて戦争完遂を掲げ、一九四四年に四選を果たします（翌年、任期中に病気で死去）。ローズヴェルト政権は、大恐慌と戦争という大きな危機を乗り越えて、長期政権となっていったのです。

光の子と闇の子——佐藤

戦前日本の書籍では、ローズヴェルトはアメリカのファシズムの解説のなかで紹介されています。当時のアメリカの政治状況が、極端な行政権優位にあったことを示していま す。

第二次世界大戦における、民主主義対ファシズムという対立軸を鮮明にするのに、真珠湾攻撃は、決定的な意味を持ちました。

それまで、アメリカの外交政策は欧米両大陸の相互不干渉、孤立主義を原則にしていました。孤立主義は、ジェームズ・モンロー大統領が一八二三年の年次教書で発した声明にもとづく外交政策です。自分たちはヨーロッパの国家間対立にかかわらないから、ヨーロッパの国もアメリカ大陸のことに口を出すな、というわけです。

これは、トランプ大統領による「アメリカ・ファースト」につながる考え方です。だから、ヨーロッパでナチス・ドイツが台頭したり、戦争が起きたりしても関与しない方針だったのです。

しかしローズヴェルトは、一九三九年九月にナチス・ドイツがポーランドに侵攻して第二次世界大戦が勃発してからは、ファシズムへの闘いを支援する姿勢を持ち、国論が参戦でまとまる機会を待っていました。

アメリカの参戦時、ローズヴェルトの決断を断固支持したのが、神学者で政治学者でもあったラインホールド・ニーバーです。ニーバーは、世界を理念や理想を持った「光の子」と、善悪の価値観がなく暴力を信奉する「闇の子」の二項対立で説明し、大戦中は民主主義陣営や共産主義陣営が協力して、闇の子であるナチスやファシズム勢力を倒すべきだと主張しました。

この主張は当初、「アメリカを戦争に巻き込むのか」と批判されましたが、日本が真珠湾を攻撃すると、風向きが変わります。そして、攻撃してきた日本だけを憎悪するのではなく、最大の問題はナチス・ドイツであるとして、ヨーロッパ戦線にも参戦するのです。つまり、「民主主義が生き残るために、時には武器を取らなければいけない。絶対平和主義には立たない」のがニーバーの考えであり、現代アメリカの普遍的な考え方でもあります。

ニーバーはまた、平等・友愛といったデモクラシーが持つ性善説的な人間観をデモクラシーの弱さととらえました。いっぽう、ナチズムやファシズムの強さとして、道徳や習慣などを無視して合理的にふるまうシニシズム（冷笑主義）を挙げます。だから、デモクラシーは悪の力を過小評価してしまい、これがナチズムの台頭を許したと考えます。

ニーバーの著書『光の子と闇の子』は第二次世界大戦末期に刊行され（邦訳新版は二〇一七年、武田清子訳、佐藤優解説、晶文社）、のちに大統領となるジミー・カーター、ジョージ・H・W・ブッシュ（父）、ジョージ・W・ブッシュ（息子）、バラク・オバマらに影響を与え、現在でもアメリカの思想的支柱となっています。二〇一一年に復刊された英語版の表紙には、オバマの言葉「I love him. He's one of my favorite philosophers（私は彼が好きだ。彼は、私の好きな哲学者の一人だ）」があります。

政治家が楽だった時代——山口

ここで、日本の戦後から一九七〇年代までの歩みを見てみましょう。終戦の翌年に就任した吉田茂さんは、廃墟からの早急な復興を目指しました。吉田政権の喫緊《きっきん》の課題は、国民への食料供給、重工業回復に向けての鉄鋼とエネルギー源の石炭の増産でした。

しかし、吉田首相は就任一年で与党自由党が選挙で負けたために辞任し、翌年に復活します。インフレを抑えるために採られたデフレ政策「ドッジ・ライン」は労使の対立を激化させ、多くの失業者や企業倒産を生み出しました。

不況にあえぐ日本経済は、朝鮮戦争による朝鮮特需を契機によみがえります。一九五五年には、戦前の経済水準を超え、翌年の「経済白書」に「もはや戦後ではない」と記述されています。

高度経済成長の立役者とされたのは、池田勇人首相です。池田さんは首相就任にあたり、一〇年間に国民総生産を倍増させることを目標にした、ケインズ主義的経済政策としての「国民所得倍増計画」を掲げます。その後、日本経済は計画以上の成長に至り、国民総生産は六年で、国民所得は七年で倍増しました。池田さんは病気によって退陣しましたが、そうでなければ長期政権を築いていたでしょう。本人も、その意欲を持っていました。

所得倍増計画に批判的だったのが、のちに首相となる福田赳夫さんです。福田さんは「社会の動きは物質至上主義が全面を覆《おお》い、レジャー、バカンス、その日暮らしの無責任、無気力が国民の間に充満し、元禄《げんろく》調の世相が日本を支配している」と述べています。この福田発言から、昭和三〇年代後半から四〇年代を「昭和元禄」と呼ぶようになりました。

池田首相のあとを継いだ佐藤栄作政権は発足時、一九六四年の東京オリンピックによる「オリンピック景気」の反動から経済が縮小し、一時的に不況に陥ります。しかし、景気浮揚のために戦後初の赤字国債が発行されると、不況を脱します。以後五年間、電気製品や自動車の普及など国民消費が増大して、日本列島は好景気に沸《わ》きます。経済成長率は約一〇％超になり、日本は昭和元禄を謳歌《おうか》するのです。

佐藤さんは就任時に、内政の柱として「社会開発」を掲げ、大きな政府を志向しました。経済的繁栄から生じる社会的歪《ゆが》みの克服を目指し、物価・住宅・福祉・公害など国民に直結する課題に取り組みます。そこには、野党などの対抗勢力の動きを見ながら、それらが深刻な社会問題にならないように処理したという側面もあります。

この頃から、失業・貧困・病気など、個人が直面するリスクを政府が主導して社会で解決する流れが定着します。政権後期には、「福祉なくして成長なし」との理念を示しています。ただ、佐藤さんが沖縄返還に傾注したことで、社会開発は確かな成果を生むことなく後景に退《しりぞ》いてしまいました。

一九五〇年の朝鮮特需から、一九七三年の石油危機までの約二〇年間は、先進国が経済成長率を高めた時代でした。なかでも、日本の成長率は群を抜いており、「東洋の奇跡」と呼ばれています。

前章で述べたように、この頃の日本では、さまざまな利益集団や圧力団体が自分たちの利益を主張しながらも、それらは政治によって統合されて、経済成長の果実はそれなりに公平に分配されていました。国民を代表する「政治家」と、彼らを選ぶ「有権者」は比較的密接な関係にあって、まさに代表制デモクラシー（民主主義）です。政治家にとっては、楽な時代だったと言えるでしょう。経済発展が進み、国力も増している。政治家はあまり余計なことをしなければよい、という雰囲気でした。

しかし、石油危機以降、経済成長に翳《かげ》りが見え出します。一九七四年には経済成長率はマイナスとなり、低成長が続きます。税収不足から赤字国債の発行が常態化し、今日の財政赤字につながっていくのです。

2　新自由主義の登場

サッチャリズムの正体――山口

民主主義と資本主義が均衡したモデルは二〇世紀半ば、アメリカ・西ヨーロッパ・日本に共有されます。結果的に、一九六〇年代から一九七〇年代は資本主義と民主主義の共存でうまくいった時代と言うことができるでしょう。

その共存が揺らぎ始めたのが、一九八〇年前後から。イギリスのマーガレット・サッチャー政権（一九七九～一九九〇年）、アメリカのレーガン政権（一九八一～一九八九年）、日本では中曽根政権（一九八二～一九八七年）が誕生した頃です。

二度にわたる石油危機（一九七三・一九七九年）のあと、イギリスとアメリカは経済が行き詰まり、先進各国も経済成長率が低下します。

一九八〇年代に入ると、経済停滞の原因は政府の経済への恣意的な介入と大きな政府にある、と主張する「新自由主義」が登場します。フリードリヒ・ハイエク、ミルトン・フリードマンら経済学者が主張した、市場経済を純粋な自由放任に近づけていき、自由競争を保障して経済を活性化するという経済思想です。

新自由主義にもとづいて、イギリスは「サッチャリズム」、アメリカは「レーガノミクス」と呼ばれる経済政策を推し進め、サッチャー首相は国営企業の民営化や規制緩和を行ない、金融ビッグバンを実施して金融資本主義に傾斜します。また、外国資本を導入してグローバル資本主義への道を開きました。レーガン大統領も規制緩和、大幅減税などを行ない、民間経済の活性化を促しました。

日本も新自由主義を採り入れた政治・経済体制に転換します。中曽根・小泉政権では、国鉄などの三公社と郵政三事業などの民営化が行なわれ、規制緩和も次々と実施されていきました。

イギリス初の女性党首（保守党）・女性首相となったサッチャー登場の背景には、一九七〇年代に恒常化していたストライキがありました。石油危機によって物価が上がっても、実質賃金は増えないという苦況のなか、労働組合は階級闘争に傾倒していきます。それに対して、大衆が反発を強めていくという状況だったのです。

当時のイギリスは、「ゆりかごから墓場まで」と言われるほど福祉が充実していました。いっぽう、「英国病」と揶揄《やゆ》されたように、経済成長は停滞し、深刻な財政難に陥っていました。

サッチャーは英国病の原因を、戦後ずっと継承されていたケインズ主義的な完全雇用を目指す公共投資や社会保障・福祉政策の拡充に求めました。つまり、大きな政府が経済の発展を阻害すると考えたのです。そして、小さな政府を目指すとして、歳出削減や福祉切り捨ての政策を採り、新自由主義政策を推し進めました。電気・ガス・水道・電信電話・鉄道・航空といった国営事業は次々と民営化され、規制緩和が行なわれていきました。

一九八四年から一九八五年にかけて大規模な炭鉱ストが起こると、サッチャーは対決姿勢を鮮明にして、ストライキを鎮圧。労働者を擁護する多くの制度を撤廃し、組合潰《つぶ》しを積極的に行ないました。以降、イギリスの労働運動は力を失っていきます。労働党が左傾化したことで、穏健な人々は社会民主党をつくり、労働党は分裂しました。

国内改革を強引に推し進めたサッチャーは、経済を立て直したと評価されたものの、一九八〇年代後半になると、格差の拡大をもたらしたことで社会不安が広がり、急速に支持を失い、一九九〇年に退陣します。

その後、サッチャーと同じ保守党のジョン・メージャーが首相に就きますが、サッチャー時代の反動から、脱新自由主義の動きが高まります。一九九七年の総選挙では、労働党が圧勝し、トニー・ブレア政権が誕生しました。

ブレア政権は労働党では珍しく、ほぼ一〇年という長期政権となります。ブレアは労働党左派を嫌っており、サッチャリズムを引き継いで規制緩和を維持し、すでに世界経済の潮流になっていた、グローバル資本主義に乗っかっていくことで、政権を維持したのです。医療の立て直しなどで若干《じやっかん》、労働党らしい政策も実行しましたが。

ソ連を解体に追い込んだ甘言——佐藤

サッチャーは社会保障費削減などを断行しましたから、国民の受けは良くありませんでした。しかし、首相就任三年目の一九八二年四月、人気回復の絶好の機会が訪れます。フォークランド戦争（紛争）です。

大西洋南部、アルゼンチン沖合にあるイギリス領のフォークランド諸島に、領有を主張するアルゼンチンが軍隊を上陸させると、サッチャーは陸海軍を派遣。六月には奪回します。この戦争に勝利したことで、「イギリスを再び偉大な国に」のスローガンを掲げるサッチャー政権の支持率は急上昇しました。離反しつつあった国民の統合を、戦争によってはかったのです。以後、サッチャーは「鉄の女」と呼ばれます。

直線的なイメージが強いサッチャーですが、狡猾《こうかつ》な面も持ち合わせています。ひとつのエピソードを紹介しましょう。

私は二〇〇九年、来日したミハイル・ゴルバチョフ元ソ連共産党書記長とゆっくり話す機会を得ました。その際、かねて聞きたいと思っていた質問「ソ連崩壊の要因をひとつだけ挙げていただけますか」を投げかけてみました。

「民族問題と経済政策の失敗」と答えるだろうと思っていたのですが、意外にも「サウジアラビアに対して、あまりにも無知だった。アメリカとサウジアラビアが原油の生産調整をした意味が理解できなかった」との答えが返ってきたのです。

アメリカとサウジアラビアの生産調整とは、一九八五年にサウジアラビアの首都リヤドで交《か》わされた「リヤド密約」のことです。当時のソ連経済は石油輸出に依存しており、原油価格高騰で外貨収入が増えていました。アメリカはソ連に打撃を与えるために、サウジアラビアに原油増産を依頼します。この密約によって原油価格は下落し、ソ連は外貨収入が激減して経済状態が悪化したのです。

窮状に陥ったソ連に、手を差し伸べたのがイギリスです。サッチャーは支援を申し出て、その条件に変革を求めます。ゴルバチョフは、それを善意として受諾します。サッチャーが求めたのは、情報の開示・言論の自由など、西側の自由基準に近づくことでした。その結果、ソ連の社会システムは一気に解体していきました。

冷戦時代、イギリスにとってソ連は最大の脅威でした。一九七〇年代、ソ連はウラル地方以西に核ミサイルを配備しました。射程範囲に入った西ヨーロッパ諸国は、震え上がりました。一九八三年、NATO《ナトー》（北大西洋条約機構）は対抗上、アメリカの核ミサイル・パーシングの配備を決定。しかし、ヨーロッパで激しい反核運動が起こり、アメリカは米ソ双方のミサイル完全撤去案を出さざるを得なくなりました。この反核運動が、東側の軍事的優位性を担保していると、サッチャーは見て、ソ連の脅威を改めて感じ取ったのです。

私がゴルバチョフに「アメリカ帝国主義とイギリス帝国主義の策動に対して、あまりにも無防備だったということですか」と尋ねたところ、彼は「そう言ってもよい」と、ニタッと笑いました。

生涯、反共産主義を貫《つらぬ》いたサッチャーは深謀遠慮の末、俗な言い方をすれば、甘言を弄《ろう》して、ソ連を内側から解体したわけです。

国民国家の崩壊――山口

サッチャーが市場経済の論理で民主主義的な再分配を切り落としたことで、イギリスの国民社会の統合が緩《ゆる》んでいったと、私は考えています。これは、今日のブレグジット（EU離脱）につながっています。ブレグジットを推進したのは、「イングランド・ナショナリズム」というイデオロギーであり、それはサッチャリズムが起点になっているのです。

イギリスは、イングランド・ウェールズ・スコットランド・北アイルランドの四つの「国（ネーション）」で構成された連合王国です。イギリスの正式国名は「United Kingdom of Great Britain and Northern Ireland（グレート・ブリテンおよび北アイルランド連合王国)」。つまり、イングランドが他のネーションを併合して、成立しています。「イングランド・ナショナリズム」とは、イングランドの政治体制がヨーロッパ大陸の諸国よりも優れているから独自のアイデンティティを持つべきという、保守党に象徴されるイデオロギーです。EU残留志向のスコットランドとの対立の背景には、このイデオロギーが存在するのです。

そして、スコットランドの分離独立志向もサッチャリズムが引き金を引いた、と考えています。私は一九九九年、スコットランドで「地方分権がなぜ急速に進んだのか」という調査を行なったことがあるのですが、地元の人たちは口々に、「その源《みなもと》はサッチャー時代だ」と言っていました。

経済水準がイングランドより低いスコットランドは、弱者の権利を重視する労働党の牙《が》城《じょう》でしたが、サッチャー政権が長期化していくなか、日本における沖縄のように、地理的に疎外されて、有権者の声が政府に届かなくなっていました。これを「民主主義の赤字(democratic deficit)」と呼ぶそうです。そして「このような状態なら、自分たちの政府を持つしかない」との気運が高まり、地方分権の運動が力を得ていったのです。

一九九七年、スコットランド出身のブレアが首相に就任すると、地方分権は実現します。ただしスコットランドに対しては、日本の地方交付税のような形式で、予算の一定割合の金額が一般財源として交付され、行政サービスの水準が保たれています。決定権については自立しても、財源は確保されているわけですから、スコットランドには好都合な分権です。日本でも近い将来、沖縄県に対してこのような形《かたち》での分権を実現してほしいと思います。

国民国家を維持していくには階級的な再分配、すなわち「持てる者から持たざる者への再分配」も必要ですが、「地域的再分配」がないと国家は統合できないのではないでしょうか。

ブレグジットは、スコットランドや北アイルランドが離れてもかまわない、というイングランド回帰現象なのです。実際、離脱協定では、関税の境界線が北アイルランドとEU加盟のアイルランドの国境ではなく、アイルランド島とグレート・ブリテン島の間の海峡に引かれています。

結果的に、サッチャリズムは「国民国家自壊のタネ」を、連合王国に埋め込みました。

サッチャリズムによって、市場メカニズムを純化し、国家が民主的な統合や再分配から手を引くと、どのような政治的な跳《は》ね返りがあるかを考えると、サッチャーの登場は重要な歴史の始まりだったと思います。

では、サッチャー政権はなぜ一一年も続き、長期政権となったのか。

実は、長期政権はそれ自体の強みと、対抗する側の弱みの二つが重なって長期化します。サッチャー政権の強みとは、イギリスを立て直すために市場原理、あるいは欲望を梃《て》子《こ》に経済を活性化していく路線が必要とされた、という評価です。

いっぽう、サッチャーに対抗する側の弱みとは、前述のように労働党や労働組合が戦闘的な労働運動に傾斜して、国民の支持を失い、分裂したことです。労働党の分裂が、サッチャー政権の長期化をもたらしたわけです。

この構図は、現在の日本の状況にそのままあてはまります。旧民主党勢力の分裂による弱体化が、安倍政権を一強にさせているのです。

サッチャーは規制緩和や組合潰しなど、対抗する側を徹底的に、そして意図的に弱体化させました。彼女がソ連を解体したとの話がありましたが、敵を叩き潰すことに強い関心を抱いた政治家です。

イギリスは議院内閣制ですから、総選挙に勝てば理論上はいつまでも政権は続きます。これは日本も同じで、政権に都合の良い時に解散を打てる利点があります。その意味では、任期のあるアメリカ大統領よりも、権力の集中が起こりやすい。

新自由主義という市場メカニズムの先祖返りが、なぜイギリスで最初に起きたのか。イギリスは戦後、植民地を失いました。そして、先進国のなかで経済の衰弱をもっとも早く、そして強く経験したことが大きかったのでしょう。

ナショナリズムの衝突とネーション化——佐藤

ブレグジット問題の背景には、EU離脱を求めるイングランド・ナショナリズムと、EU残留を希望するスコットランド・ナショナリズムの衝突があります。

「自分たちのことは自分たちで決める。ロンドンに振り回されたくない」というスコットランド・ナショナリズムは、イングランド・ナショナリズムを煽《あお》ったジョンソン首相が喚起させた面もあると思います。もともと、イングランド・ナショナリズムの信奉者たちは、スコットランドの独立志向に非難を浴びせていましたから。

イギリス政府が地域的再分配を怠《おこた》ったことで、スコットランドは独自の歴史・文化を背景にアイデンティティに拠《よ》って立つ政治を志向したのです。EU離脱によって、イングランドがヨーロッパ諸国に対して、アイデンティティを持とうとしたように。

スコットランド人はスコットランド国教会に帰属しているという意識を持つ人が圧倒的に多く、そのことをアイデンティティと結びつけています。スコットランド国教会は長老派（＝プレスビテリアン。カルヴァン派のプロテスタント）であり、イギリス国教会（＝アングリカン・チャーチ。イギリス国王を首長とする国家的教会組織。教義はカトリシズムとカルヴァン主義のプロテスタントの折衷《せっちゅう》、典礼はカトリック的要素が強い）とは宗派が違います。スコットランドの分権運動の主軸のひとつを、教会が担ったのです。

離脱協定における関税の境界線がアイルランド島とグレート・ブリテン島の間の海峡に引かれているのは、EUの権利も保全できる優遇措置と言いつつも、イングランドと切り離しているわけです。つまり、宗主国・イングランドと、植民地・北アイルランドの図式です。

イギリスが保ち続けてきた連合王国の分解、つまりネーション化が今、起きているのかもしれません。

利益分配を変えた中曽根政権――山口

一九八二年、日本では中曽根政権が誕生します。当時、為替は円安基調で推移し、自動車・家電などの対米輸出の急増により、世界最大の貿易黒字国となっていました。いっぽう、レーガン政権下のアメリカでは貿易赤字と財政赤字、いわゆる「双子《ふたご》の赤字」状態にありました。そして、日米貿易摩擦が激化していきます。

一九八五年、日本は大転換を迎えます。ドル高是正の国際合意（プラザ合意）がなされると円高が急速に進み、円高不況に陥りました。中曽根政権は対策として公共投資、輸入の拡大、貿易黒字の縮小を目指す「内需主導型経済」への転換を進めます。

同年、新自由主義にもとづいて行政改革に取り組む中曽根首相は、日本電信電話公社（現ＮＴＴ）と日本専売公社（現ＪＴ）の、二年後には日本国有鉄道（現ＪＲ各社）の民営化を断行します。さらに半官半民だった日本航空も完全民営化します。

中曽根さんは民営化により、眠っていた資産を有効活用させ、ビジネスの拡大をはかりました。言うならば、無《む》から有《ゆう》をつくり出したわけです。

さらに、田中（角栄）派が主導していた利益分配の方法も変えます。従来の利益分配は、代表される政治家と、政治家を選ぶ有権者や地元選挙区の利害が一致する公共事業によるものでした。そこには、予算・補助金を媒介として、政治家や官僚が直接的に関与します。対して、中曽根さんは規制緩和・民営化といったルールの変更——たとえば都市開発で容積率緩和をして土地の価格を引き上げる——によって、利益分配が行なわれるようにしたのです。

小さな政府を標榜する新自由主義が世界の潮流となった時代、中曽根行革はサッチャリズム、レーガノミクスとともに、その象徴であるとの評価があります。

では、円高によって日本の経済はどうなったか。

プラザ合意の二年後、内需を刺激するために、日銀（日本銀行）は公定歩合を国際的にもっとも低い水準まで下げます。円高は変わらなかったものの、景気が上向きに転じます。円高によって輸入原材料のコストが低下したこと、前年に原油価格が下落したことが好材料になったからです。

そして、低金利と内需拡大でカネ余り状態が生じ、企業も個人も株式投資や土地投機に浮かれました。この時に流行した言葉が「財テク（財務テクノロジー）」です。バブル経済の到来です。

国鉄民営化の真の意図──佐藤

中曽根政権はバブル経済を呼び込んだという点で、日本の転換点における重要な意味を持ちます。山口さんのご指摘どおり、中曽根行革による規制緩和・内需刺激によって景気が過熱していきました。まさしく、無から有がつくり出されたようにバブルが発生したのです。

バブル経済は、日本人の美風とされた価値観を破壊しました。高度経済成長を支えたのは思想的には農本主義、要するに勤勉によるモノづくりです。そこでは、生産物ができることがもっとも重要で、いかに儲けるかは二次的、三次的なものでした。そして、企業は利益を成果主義によって個々の社員に分配することはせず、内部留保して、年功序列制度のもと、徐々に分配を増やしていきました。日本企業に特徴的な終身雇用制度です。

一九八〇年代半ば、中産階級の人たちが株式を購入したり、ゴルフ会員権や土地に投資をしたりするようになります。それまで、日本では株式投資に良いイメージはありませんでしたが、人々が投機に狂奔したのは、それによって裨益《ひえき》（利益になること）したからです。まさに、ヘーゲルの言う「市民社会は欲望の王国」です。一九九〇年代に入ると、明らかに、日本人の価値観が内面から変わります。一九八〇年代後半は、その助走期です。

中曽根さんは「復古主義（明治時代へのノスタルジーや戦前回帰につながるような思想）」のレッテルを貼られましたが、むしろ新自由主義と相性が良かったように思います。

通説では、日本における新自由主義は小泉首相を起点とするようですが、その過程を軽視しています。つまり、いきなり小泉さんから始まったのではなく、ホップが中曽根さんでステップが橋本さん、そして小泉さんで大きくジャンプしたと、私は見ています。

国鉄や公社の民営化は、国にとって税収増という大きなメリットがあります。株式会社になれば、これまで非課税だった不動産に対して固定資産税を、黒字化すれば法人税を納める義務が生じるからです。

いっぽう、労働組合は解体されていきました。国鉄民営化の真の狙いは、強い労働組合を潰すことにあったとも言われています。それは、連合（日本労働組合総連合会）の弱体化へとつながり、一九九六年の社会党（現社民党）の瓦解へと至ります。サッチャリズムによる組合潰しを彷彿《ほうふつ》させます。

3 リベラル派の変身

グローバル資本主義はリベラル派が起こした!?——山口

一九九〇年代、イギリスとアメリカで「リベラル（進歩派）」とされる陣営に転換が起こります。イギリスのブレア（労働党）政権が顕著ですが、サッチャー以後の市場中心の経済運営に適応していくのです。

一九九三年に誕生した、アメリカのビル・クリントン（民主党）政権も、ブレア政権同様「転換の政権」であると、私はとらえています。

私は一九八〇年代末に二年間、アメリカに行っていました。大統領がレーガンから同じ共和党のブッシュ（父）に代わる頃で、共和党優位の時代です。対して、民主党は一九六三年のジョン・F・ケネディ暗殺以降、長い冬の時代を迎えます。リンドン・ジョンソン政権はベトナム戦争で失敗。カーター政権も、イランのアメリカ大使館人質事件での失敗や「カーター・ショック」と呼ばれた不況などで、一期で終わってしまいました。

しかし、IT（＝Information Technology 情報技術）革命が始まる一九九〇年代はじめ、政権奪還のチャンスをつかみます。その頃、民主党は従来のリベラル色・労働組合色を薄め、経済政策も大きな政府から小さな政府に転換していました。クリントンはアイデンティティに関してはLGBT（性的少数者）にも寛大でありリベラルですが、経済政策に関してはネオリベラル（新自由主義）に近い。三〇年近く逼塞《ひっそく》していたリベラル陣営が政権を取るには、サッチャーが道を開いた自由市場経済の波にうまく乗らなければならない、という認識があったと思います。

クリントンは「情報スーパーハイウェイ構想」と「NAFTA《ナフタ》（北米自由貿易協定）締結」という政策を掲げて、大統領選挙に勝利。前者はIT革命によってアメリカ経済の中心を重化学工業からITに重点を移すもので、後者は伝統的な製造業の労働組合の反対を押し切って、自由貿易拡大を目指すという政策です。

クリントンもアル・ゴア副大統領も、ともに四十代と若かったので、ＩＴのような最新のテーマに反応できたし、理解できたのでしょう。

クリントン政権には理念やイデオロギーの刷新はありませんが、現実的な政策では大きな成果を残しています。たとえば、一九二九年の大恐慌直後にできた、銀行の株式購入を禁止した規制を取っ払うなど、金融市場の規制緩和です。

この頃、ソ連の消滅によって、アメリカ一強体制が確立。アメリカ発の金融資本が国境を越える「グローバル資本主義」が起こります。新自由主義も、世界に広がっていきました。金融資本主義にシフトしたアメリカは一九九五年、ドル高容認政策に転じます。海外から巨額な資金を呼び込み、金融市場を活性化するためです。結果、投機マネーが世界中から集まってきました。

クリントンの掲げた情報革命と金融規制緩和は時代の潮流に乗り、今日の世界を規定しました。ＩＴ企業と巨大な金融資本は、グローバル経済の象徴です。しかし、行きすぎたグローバル化によって「一人勝ち経済」となり、「持てる者」と「持たざる者」の差は開き、中流階級の没落が顕著になりました。

民主党政権がグローバリズムと金融資本主義の堰《せき》を切ったことに示されるように、貧困・格差問題など、民主主義とグローバル資本主義の矛盾を政策的に取り上げて解決していこうとする政治勢力は、アメリカでもイギリスでも、そして日本でも、急速に力を失っていきました。

自国ファースト——佐藤

一九九〇年代以降、グローバル化とITの急速な進展は相乗効果を生み、ヒト・モノ・カネが地球規模で越境して行き来するようになりました。ITの進化は取引の時間的・空間的制約を大幅に削減し、株式市場ではコンピュータを駆使した超高速取引が拡大しました。今や一〇〇〇分の一秒単位で、巨額な売買が展開されています。

金融とITの融合は、豊富な資金と金融知識および能力を持つ人にとって、このうえない利益追求の道具となります。

国家のシステムには、大きく三つの要素があります。第一に政府、第二に民族、第三に資本です。政府が行きすぎると国家主義に、民族が行きすぎるとナショナリズムや排外主義に陥ります。資本の行きすぎがグローバル化です。国家は、三要素がバランスを取りながら成り立つのが理想です。

新自由主義は、民主主義的要素を極小化し、個人の自由と責任にもとづいて経済活動をするという考え方でもあります。新自由主義を乗せたグローバル化は、地球規模で貧困と格差を生み出しています。アメリカでは、一%の富裕層が金融資産の四割を保有しているとのデータがありますし、他の先進諸国でも、グローバル化の恩恵に浴しているのは一%程度と言われています。

グローバル化とは結局、富裕層の利益を最大化することを目的とした経済活動だったのです。多くの国で経済成長をもたらしたいっぽう、その果実を享受できずに取り残されて、追い詰められた多くの人々を生み出しました。そして、ある国では国家が、ある国では民族が逆襲し始めたのです。

二一世紀に入り、グローバル化を主導してきた二大勢力のアメリカとイギリスでは、反グローバル化が鮮明になりました。アメリカではラストベルト（中西部から北東部の重工業や製造業が衰退した工業地帯）の白人労働者が不満を爆発させて、トランプ政権を誕生させ、イギリスでは移民問題も孕《はら》んだブレグジットが起きました。

アメリカもイギリスも、国民統合のために「自国ファースト」に転換したのです。

小さな政府を望んだ日本人――山口

一九九〇年、日本では年初から株価が下落、一〇月には二万円を割り込みます。バブル崩壊です。以降、長期の不況に陥り、一九九七年頃からは不良債権問題によって金融不安が高まり、物価の下落と経済の縮小が連動するデフレスパイラルの様相を呈するようになりました。

そこに、「自民党をぶっ壊す」をスローガンにした小泉さんが登場。熱狂のなか、首相となります。

小泉政権は景気停滞の最大要因、バブルのツケである不良債権処理に取り組み、「聖域なき構造改革」を標榜して、道路公団民営化や郵政民営化、規制緩和を進めました。市場にできることは市場にゆだねる、「官から民へ」を改革の柱とします。いずれも、新自由主義にもとづく、小さな政府の発想です。鈴木宗男《すずきむねお》さんに代表される、特定地域への手厚い利益分配政治が否定されるいっぽう、「全体国益」という表象が使われ、構造改革というシステム転換で、皆に等しく裨益されるとの幻想を国民が持つようになりました。

なぜ、国民は小さな政府を受け入れたのでしょうか。

経済の停滞が長引くなか、これまでの経済成長をもたらした経済政策の仕組みに、国民は不満を抱くようになります。たとえば、公共事業に無駄が多い、行政の過程が不透明で政治家や監督官庁と業界の癒着《ゆちやく》や既得権がはびこる、規制が多く自由な経済活動を阻害する、などなど。これらの弊害は、構造改革を訴える小泉さんの主張によって、社会構造に起因するものであり、その象徴のひとつが自民党だと見るようになっていきました。

当時はリクルート事件（一九八八年）、東京佐川急便事件（一九九二年）、大蔵省（現財務省）接待汚職事件（一九九八年）などの汚職が続いていました。さらに、密室談合によって森喜朗《もりよしろう》政権が誕生したことで、改革を求める世論が高まり、小さな政府を期待したのです。

経済の停滞、政治の閉塞感——この二つの要素は、どの長期政権でも政権誕生の土壌になっています。実際に、小泉さんを支持する理由に、六割弱の人が「政治のあり方が変わりそうだから」と答えています。

小泉さんが首相に就任して三年目頃から、不良債権処理の見通しもつき、金融システムが正常化し始めます。企業の収益は上がり、株価も上昇。日本経済が好転します。

前述のように、高い支持率をキープした小泉さんは、民意を後ろ盾《うしだて》に「経済活性化」を掲げます。まず、経済界に呼応《こおう》して法人税の税率を下げました。さらに、個人所得税の最高税率も引き下げます。大企業の収益向上を優先し、富裕層を優遇する税制改革です。

また、規制緩和を通じて利益誘導のルールを変更します。純粋な市場経済をつくるのではなく、ルールを変えることによって、特定の人たちがさらに儲かるシステムです。たとえば、雇用の規制緩和を進めることで、不安定な非正規雇用が増えましたが、終身雇用の重荷が減じた経営陣・経営者は儲かるようになりました。景気変動にともなう労働コストの上昇というリスクを、雇う側から働く側に転嫁したのが規制緩和の本質です。これは、中曽根政権の利益誘導の手法を全面展開した、言わば「二一世紀型利益誘導政治」です。

佐藤政権下で定着した「リスクの社会化」に代わり、「リスクの個人化」があたりまえとなり、失業も貧困も自分の能力がないからだとする「自己責任社会」に変貌しました。

医療に市場原理を導入したツケ――佐藤

小泉さんは構造改革の号令のもと、国民に「痛みを分かち合う」ことを求めました。たとえば、高齢者医療負担を求める人をただ乗りする人・ずるい人と見なして、このような人たちをなくしていこうという表象です。そして、一九八〇年代から続けられてきた医療費抑制政策を強め、サラリーパーソンの医療機関での窓口負担を二割から三割に引き上げました。

小泉政権の主張と対立した、厚生族の丹羽雄哉《にわゆうや》元厚相はのちに「小泉氏は厚相のときに被用者保険は3割、大病院では外来5割負担という案を検討していた5割負担論者だ」と語っています(「日本経済新聞 電子版」二〇一六年二月二一日)。

当時は、経済官庁や経済界の一部が主導したシナリオ――市場原理を導入してゆくゆくは国民皆保険制度を解体――や、厚生労働省が主導したシナリオ――公的医療保険の給付水準を縮小し、医療保険制度を部分的に「公私二階建て制度」に再編――などがありました。丹羽さんは、これでは皆保険制度が崩壊すると危惧したそうです。

労働者の基本的権利や生活保護を含む社会福祉など、生存権擁護のための政策は一九世紀から二〇世紀にかけて、さまざまな団体が運動することで獲得してきた政策的財産です。それを既得権と表象することは、国民に益のある話ではありません。

実際、今回のコロナ禍で、日本の医療の脆弱化《ぜいじやくか》が露呈しています。感染症病床が逼迫《ひっぱく》しただけではなく、感染症に対応できる医師・看護師・検査技師の不足も深刻化しました。

その背景には、政府が医療費抑制を優先し、赤字とされる病院などの医療機関の統廃合を求め続けてきたことにあります。感染症用のベッド数は全体の〇・一%と、きわめて少ない。一九九五年と比較すると、なんと八割強も削減されています。稼働率が低く不採算であることが、その原因です。

また、一九七〇年代には各都道府県にひとつ以上の医学部を設ける政策が採られていましたが、中曽根政権下で、医師が増えると医療費も増加し、国の財政を圧迫するとの理由で、医師数を抑制する方向に転換しました。そのツケが今、回ってきているのです。

日本は世界有数の格差社会――佐藤

小泉政権下では企業の収益向上が優先され、労働者の所得向上が顧《かえり》みられなくなりました。実際、平均年収は一九九七年をピークに低落・停滞傾向にあります。非正規社員が急増しましたが、彼らは企業からすれば「好都合な人」です。雇用の調整弁になり、社会保障費の負担を減らすことができますから。

いっぽう、企業の内部留保は小泉政権の頃から増加し、現在、約四六三兆円にまで積み上がっています（二〇一九年三月末時点）。

近年、講演会や勉強会の場で、メンタル面の不調について相談されることが多くなりました。その背景には、日本社会が新自由主義化し、企業で働く人々が常に競争圧力にさらされていることがあります。

たとえば、銀行では、地位の降格が行なわれるようになっています。五十代を二十代の賃金に落とすこともあるそうで、それで辞めたいならどうぞ、というわけです。会社トータルの人件費に変化がなくても、管理職の適性がない四十代・五十代を降格し、賃金を落としているのです。

新自由主義を推進すると、弱肉強食の社会になり、格差が拡大します。世帯の所得が、その国の世帯の可処分所得（調整後）の中央値の半分未満を「相対的貧困」、その割合を「相対的貧困率」と言います。日本の相対的貧困率は二〇一六年時点で一五・七％と、イスラエル・メキシコ・トルコ・チリ・アメリカに次ぐ、世界第六位でした（「ＯＥＣＤ経済審査報告書」）。今や日本は、正真正銘の格差社会なのです。

しかも日本社会で、いったん転落すると、這《は》い上がることは困難です。この弱肉強食の社会において、競争に耐えて勝ち残ることができるのは、一握りの人だけです。彼らは、他人を蹴落《けお》としてでも自分は生き残ってみせるという、悪く言えば、自分勝手でずうずうしい人たちです。私は、そのような人を「下品な人」と呼んでいます。

大半の繊細で心優しい普通の人たちは、こういった人たちとの競争のなかで心が折れてしまいます。

4　民主主義の行き詰まり

民主主義が行き詰まった時に出現する為政者――山口

戦後から一九八〇年代まで、世界も日本もケインズ主義を採用し、実物経済の需要を増やすことで経済を拡大・発展させました。資本主義・自由主義経済に、ある程度の民主主義の原理を埋め込むことで、経済を管理する仕組みが続いていたのです。

しかし、一九九〇年代に入ると、グローバル資本主義が世界を席巻。前章で佐藤さんが指摘されたように、「表象としての経済」へのシフトという、パラダイムの転換が起こります。「表象としての経済」を簡単に言えば、「グローバル化」「情報革命」を活用して、一部の人が「リアルな富《とみ》」を手にし、大多数の人がそれらを表象として「幻想の富」を期待するというものです。

パラダイムの転換にともない、日本では政治家と国民の関係が変容したことを、私は強く感じます。それまで、有権者と政治家の関係は公共事業の成果物、所得の上昇、耐久消費財の保有など、「リアルな富」を期待し・期待されることで成り立っていましたが、二一世紀に入ってからは、それらが見えなくなりました。

選挙において、たとえば減税をスローガンにする候補者は富裕層の利益を代表しているのに、一般の有権者は自分たちの利益を代表していると思い込み、その候補者を選んでしまう。ここには、代表される者と選ぶ者の間に密接な関係はなく、むしろ利害の不一致があります。

このような現象は小泉政権の時に起こり始めますが、拍車をかけたのは一九九六年に始まった小選挙区制です。

中選挙区制の時の、支持母体である業界と地元（後援会）をしっかり押さえて勝つパターンが崩れ、選挙区にはなんの貢献もしていない政治家が、フワーッとした風向きで当選してしまう。代表されない人たちが大量に出現したのです。この代表されない人たちを統合する権力者として現れたのが、全体国益を訴えた小泉さん・安倍さんです。

全体国益を訴えるリーダーが出現するのは、まさに代表制民主主義が機能不全に陥る時です。ただ、代表されない人たちを代表している安倍さんは、実体としては国民を代表していない。つまり、全体国益を訴えても、全体を代表していることにはならない。この利害の不一致が、安倍政権下における閉塞感の正体です。

ボナパルティズムに覆われた安倍政権――佐藤

思想家・経済学者カール・マルクスの著書に、『ルイ・ボナパルトのブリュメール18日』(平凡社ライブラリーほか。以下、『ブリュメール18日』)があります。一九世紀フランスの第二共和政下、ナポレオン一世の甥《おい》ルイ・ボナパルトが、小農民・小商店主・小工場主などから圧倒的支持を得て大統領に就いた背景と、その後の経過を分析した評論です。

第二共和政では普通選挙が実施され、小農民にも投票権が与えられました。しかし、彼らには、自分たちの利益を代表する政党がありません。そんな彼らに手を差し伸べたのが、ルイです。小農民は、かつて利益をもたらしてくれたナポレオン一世にルイを重ね、何か良いことをもたらしてくれるのではないかとの期待を抱いて投票します。彼らの支持を得て当選したルイは大統領に就任すると独裁権を握り、皇帝「ナポレオン三世」となりました。そして議会を廃止し、圧政により小農民らを苦しめるのです。

この例は、民主的な選挙が非民主的な結果をもたらすこともあることを示しています。こうした政治権力のあり方を、「ボナパルティズム」と呼びます。

小泉さんは、田中角栄さんの娘で、国民的人気があった田中眞紀子《まきこ》さんを相棒にして、「自民党をぶっ壊す」「官から民へ」などと絶叫し続けました。サラリーパーソンや主婦たちは自分たちの利益を実現してくれると、拍手喝采《かっさい》で迎え入れた。ところが、それは強い者をより強く、富《と》める者をより豊かにするもので、もっとも裨益しなかったのはサラリーパーソンや主婦たちでした。つまり、『ブリュメール18日』における小農民だったのです。

民主主義は代表される者と選ぶ者の利害が一致している、という了解のもとで成り立っています。しかし、両者の利害が必ずしも一致するとはかぎりません。

そして、社会に利益相反があるかぎり、「全体の代表」はありえない。政党を英語で「パーティ」と言うのも、部分の代表者だからです。全体の代表は、誰の利益も代表していないか、代表者個人もしくはその周辺の極小人数のグループの利益しか体現できないのです。

ところで、安倍政権の象徴である行政権優位は、ボナパルティズムが大いに関係しています。議会を形骸化することで行政権が優位になりますが、そこには意思決定が早くできるメリットがあります。特に、災害や対外的緊張が高まった時はそうです。

つまり、行政権優位は、単に権力者や官僚の野望から行政権が肥大するということではなく、それを許してしまう客観的状況――たとえばコロナ禍、北朝鮮や韓国との緊張など――があると起こりやすいのです。

ナポレオン三世の時も、周辺諸国との緊張がありました。ナポレオン三世の統治は、対外戦争によって、大国フランスの威信を発揮することで支えられていました。ただし、勝てる相手であることが前提です。ナポレオン三世は、強国イギリスとは事《こと》を構えず、オーストリア・ドイツ・イタリアなど勝てそうな相手としか緊張関係を持ちませんでした。

安倍政権も同様です。北朝鮮や韓国との間に緊張関係があるからこそ、行政権優位が生まれる。しかし、本気で中国を相手にすると「おいおい大丈夫か」となる。行政権優位の背景には、このような対外関係が潜《ひそ》んでいるのです。

期待と幻想にしがみつく有権者――山口

国民の多数が安倍政権を支持していますが、私はこれを「安倍コンセンサス」と呼んでいます。では、その実体は何か。

就職が決まった学生、株が上がって喜ぶ裕福な高齢者、そういうリアルな利益や富《とみ》を得ている人も確かにいます。しかし、そうでない人たちも大勢います。実際、実質賃金も消費支出も減っているのですから。ということは、リアルではないもの、「期待」や「幻想」によって受益感覚を得ていると考えるべきでしょう。

具体的には、二つのことが考えられます。ひとつは、佐藤さんご指摘の対外関係です。中国・韓国・北朝鮮の脅威が高まるなか、安全の確保への「期待」です。安倍さんならきっちり対処してくれるだろうという、夜警《やけい》国家（国家の機能を安全保障や治安維持など最小限に限定した国家）的な意味での安全を提供してくれることに、利益を感じるわけです。

もうひとつは、格差や貧困が押し寄せるなか、老後の生活も不安だけれど、とりあえず表象としてのアベノミクスで全体の景気を良くしていくという方向を目指せば、生活を守れるのではないかという「幻想」にしがみつくことです。

多くの学者や評論家、そして各紙誌がアベノミクスは客観的・現実的な成果が上がっていないと批判しています。しかし、客観的・現実的な成果がなくても、人々は「期待」と「幻想」を持たせてくれることで、政権を支持しているのです。

安倍政権側も、「決定的な破綻を回避する」という実績を示しています。だから、未来すなわち「長期政権のあと」を考えずに、日銀に国債を買わせたり、年金基金で株価を引っ張り上げたりしているわけです。当面の破局は回避できますから。

しかし、この四半世紀、幻想の富は実《み》を結ぶことなく、依然として幻想のままです。確かなことは、少子高齢化と人口減少・労働力不足と非正規雇用の増大・年金や医療など、われわれの生活に直接かかわる諸問題の山積です。民主主義のもとで簡単には合意が形成できないような課題ばかりが放置されているのです。これは、「表象としての経済」ばかりを見てきたことによる歪《ひず》み、と言えるのではないでしょうか。

すでに「幻想」はコロナ禍で消えています。当面は赤字国債の大増発によって、現金給付や中小企業への支援策を大規模に展開するでしょうが、安倍政権後に大破綻が来るかもしれません。

経済優先の終わり――佐藤

今、人々はホモ・エコノミクス（経済人）、つまり経済優先、利益優先の考え方に染まっています。政治に対しても、経済の基準で見ています。しかも、表象操作によって「経済＝株価」にしてしまったことで、非常にわかりやすい指標となりました。ですから、経済状態を改善することが政治の第一課題であり、民主主義的な課題が後回しになるのは当然のことなのです。

ソ連が崩壊したのは、押し寄せる大量消費文明の波に耐えられなかったからです。情報を閉ざしている時は、生活水準が去年よりも今年のほうがすこしでも良ければ、国民を納得させることができます。しかし、遅くとも一九八〇年代には情報が自在に行き来するようになり、欲望を刺激する大量消費文明がドッと入ってきた。そして、人々の欲望が爆発してしまった。ソ連政府はそれを抑えようとしますが、国民の欲望を抑えなければならない政権は正統性を喪失します。そして、ソ連は崩壊していきました。

ヘーゲルが「欲望の王国」と呼んだように、国民の欲望をいかに実現させるか、実現できなくても実現させられるという幻想を振りまくかに、長期政権の担当者はとらわれます。小泉さんも安倍さんも、トランプもジョンソンもプーチンも、そこに苦慮する。そして「みなさん一人一人がもっと豊かになります」と言うわけです。

しかし、「表象としての経済」も、消費期限が近づいています。経済的な自由化をひた走っても、欲望が充足されないことがわかってきました。欲望の拡大を前提として、それを充足するのではなく、逆に欲望を抑制・縮小していくことが政治と経済に求められてくるのではないでしょうか。コロナ禍が、それを加速させています。

ヨーロッパで、一七歳（二〇二〇年時点）の環境活動家グレタ・トゥーンベリさんが注目されているのは、利便性や欲望を抑制しないと地球生態系の維持ができない、という彼女の訴えが人々の心に刺さるからです。このことは、第四章で論じたいと思います。

第三章

なぜ、自民党は強いのか

1　長期支配の秘訣

包括政党の強み――山口

前章までは、国内外の各政権を比較・検討することで、長期政権の本質を探りましたが、本章では、戦後の日本政治のほとんどの時期を担ってきた自民党について考察します。具体的には、自民党とはいかなる政党か・なぜ強いのかを見ていくことで、日本で長期政権が生まれる特徴を導き出したいと思います。

自民党は結党以来、何度も変身を繰り返し、権力を保持してきました。看板は変わっていませんが、中身は相当変質しています。その適応の仕組みが巧《たく》みだったことに、長期支配の秘訣があると、私は見ています。

自民党の変身はその都度、時代の質的な特徴を表す歴史区分を示しています。一九五五年の結党から冷戦終焉・バブル崩壊の一九九〇年頃までが、典型的な保守的キャッチ・オール・パーティ、いわゆる「包括政党」です。包括政党とは特定の支持層だけではなく、幅広く利益分配をすることでさまざまな個人・団体を味方につけるというもので、タコが四方八方に脚《あし》を伸ばして、獲物をとらえるイメージです。

これを可能にした背景には、東西冷戦があります。

一九五五年、左右両派に分裂していた日本社会党が統一されます。一九五〇年代は社会主義勢力が強く、財界など保守陣営には社会主義体制ができることへの恐怖心が強くありました。アメリカもまた革新陣営に対抗できる政党を望みます。そして、それまで喧嘩ばかりしていた自由党と日本民主党が合同し、自由民主党が結党されるのです。以降、自民党と社会党の対立構造が確立します。いわゆる「五五年体制」です。

自由党は一九〇〇年に伊藤博文《いとうひろぶみ》によって結党された立憲政友会の流れを汲《く》んでいます。政友会は結党以来、大政翼賛会《たいせいよくさんかい》が結成されるまでのほとんどの時期を衆議院第一党として、与党の立場にありました。いっぽう、桂太郎によって一九一三年に結成された立憲同志会、加藤高明《かとうたかあき》が結党した憲政会、浜口雄幸《はまぐちおさち》の立憲民政党の流れを汲むのが、日本民主党です。憲政会や民政党は第二党であることが多く、政友会に対抗・反発してきました。

ですから、自由党と日本民主党は同じ保守政党であっても、その政策も支持層も大きく異なるのです。しかし、この水と油とも言える二つの政党がひとつになったことで、ウイングつまり横幅が広がり、多くの支持層を抱えることが可能になりました。自民党が包括政党となった原点は、ここにあるのです。

自民党は一九五〇年代、岸信介初代幹事長に代表される復古主義の要素もありましたが、六〇年安保（日米安全保障条約改定）によって、最初の変身をします。国民的な安保反対運動で岸首相が退陣に追い込まれたことで、イデオロギーや安全保障、治安強化といった、ハイポリティクスの問題を正面から取り上げて、戦後憲法体制を見直す提起をすると、国民から強い抵抗に遭《あ》うことを学習します。以後は、それらを棚上げにして、もっぱら内政中心で官僚との協力、言わば政官一体で国家運営をしてきました。

そして、経済重視政策を採り、精緻《せいち》な利益分配システムをつくり上げていきます。他の先進国の政党と比べて、独自な進化を遂げたと言えます。

佐藤さんにお聞きしたいのですが、自民党とソ連共産党と共通点があるように思えるのですが、いかがですか。自民党もソ連共産党も、もともとは一《いち》政党にすぎませんが、国家機構にペタリと貼りついて、国家機構による資源分配を管理しています。

ソ連共産党との共通点――佐藤

包括政党というのは興味深い視点で、適切な表現だと思います。自民党の結党理由に社会主義革命を阻止する面があったとのことですが、その意味では、自民党は反共政党でもあります。

元内閣調査室主幹の志垣民郎《しがきみんろう》さんが書いた『内閣調査室秘録――戦後思想を動かした男』（文春新書）には、一九五〇～一九六〇年代に幅広い反共工作が行なわれたことが記されています。主に、政治学者の丸山眞男《まるやままさお》門下の藤原弘達《ふじわらひろたつ》・永井陽之助《ながいようのすけ》・粕谷一希《かすやかずき》など、時代を牽引《けんいん》した政治学者と評論家を保守陣営に引っ張り込むためにあらゆる手を尽くしたそうです。彼らに委託費を渡して提言をさせ、それを政策に反映させることが任務であり、彼らへの供応の詳細も明記されています。

自民党とソ連共産党に共通点があるのではないか、というご指摘ですけれど、実は、私も似ていると思っています。

ボリス・エリツィン・ロシア連邦初代大統領時代の前期に側近として権勢を振るったゲンナジー・ブルブリス国務長官は、ソ連を「宗主国なき帝国」と指摘していました。ソ連時代、ウクライナやバルト諸国はソ連の植民地ではない。なぜなら、ロシアが宗主国ではないからだ。つまり、ソビエト連邦共産党中央委員会に、イデオロギーによって形成された「権力の中心」があり、そこがロシア人を含めてソ連国民全体を抑圧しているというのです。

その「権力の中心」の特徴は、絶大な権力を縦《ほしいまま》にしながら、まったく責任を取らないことにあります。

要するに、共産党中央委員会が政策立案を行なうけれども、執行は政府機関にやらせる。たとえば、ソ連共産党国際部が外交の企画立案をして、執行は外務省に担わせる。成功した時は成果を党と政府で分配しますが、失敗した時は全責任を執行機関に押しつける。完全な「無責任体制」です。これは、自民党の構造に似ています。

保守政党でありながら、平等志向──山口

「無責任」は、日本政治のひとつのキーワードです。

自民党の全盛期、同党の政務調査会は強大な権力を持っていました。「族議員」と呼ばれた政治家たちが水面下で官僚とさまざまに議論しながら、たとえば補助金をどこの自治体・どの団体につけるかなど、国家の資源分配を党が行なっていました。その意思決定システムはきわめて不明瞭で、透明性は低い。

これは、言わば私的結社の意思決定であり、国家機関の意思決定ではありません。記録は残らないし、説明責任もない。実際、自民党政調会の部会には議事録はありませんでした。

また、族議員が政治献金をもらいながら、支持者に利益分配をしても、それが私的結社としての活動であれば、贈収賄になりません。つまり、大臣など行政組織の役職に就いている政治家が賄賂をもらえば収賄罪ですが、ヒラの議員が自民党の組織の意思決定に関してカネをもらっても、刑法が想定する収賄にはならないのです。

実質的に大きな影響力を振るえるいっぽうで、法律的な責任はなく、意思決定の検証も

ない。これでは、たとえ公共性が高く良い政策であっても、「無責任」と言わざるをえません。しかし、自民党議員のほとんどがこれを疑うことなく、当然と思っていました。

そして、野党やメディア、そして国民にも問題視されることはありませんでした。なぜなら、経済成長によってパイが広がり、田中角栄さんに代表されるような分配の平等により、国民はあまねく裨益したからです。

田中派を中心とした自民党が、地域間格差の是正に一生懸命に取り組んだのは事実です。その点から考えれば、自民党に、本来左派政党が志向する平等志向があったことはまちがいないでしょう。それは、戦後の日本を「もっとも成功した社会主義国」とした評価につながっています。

よく知られているように、田中さんの後援会・越山会《えつざんかい》には戦前、小作争議を闘っていた農民運動家が流れ込んでいました。そして、安倍政権下の選挙でも、東北・新潟は野党が比較的健闘しています。これらの地域には、まだ革新的農民層の遺産があり、地方衰弱・格差拡大の趨勢《すうせい》のなか、農業団体がすんなり自民党を応援しないという風土があるのです。

内閣総理大臣の二面性――佐藤

参議院議員の鈴木宗男さんの調査（質問主意書）によれば、政府が「北方領土の四島一括返還」という言葉を用いたのは一九七五年だそうです。しかし、この路線が、どのような意思決定プロセスで採られたかがわかりません。そもそも「北方領土」という言葉が使われ出したのは一九五六～一九五七年頃ですが、これもどのような意思決定システムを経てなのか、外務省に聞いてもわからず、もちろん書類も残っていません。

このように、重要事項の決定がきわめて不透明に行なわれています。資源分配も同様ですが、その矛盾や不都合をごまかせたのは、経済成長と自民党の平等志向があったからです。

この不明瞭な意思決定プロセスは、内閣総理大臣という地位の二面性がもたらしていると、私は考えています。いっぽうで、総理大臣は議院内閣制のもと、多数党の党首としてその地位に就き、国民を代表する立場にあります。他方では、資格試験で選ばれた官僚たちの頂点に立っている。総理大臣は、その両方の立場を適宜使い分けることになり、政策などは密室で決めることになる。権力の中枢で、恣意的な意思決定が行なわれやすいのです。

これに対して、政治家も官僚も国民も問題視しなかったのは、山口さんが言われたように、自分たちの経済活動や欲望が阻害されなかったからです。

「もっとも成功した社会主義国」については、私は過大評価だと思います。北欧諸国は高福祉によって、国が再分配機能を果たしますが、日本の場合、高度経済成長の頃に「土建国家」と言われたように、自民党と官僚が公共事業によって、中央に偏在している富《とみ》を地方に再分配するというものです。

一九九〇年代まで、現在はなくなってしまった日本興業銀行、日本長期信用銀行、日本債券信用銀行などの債券発行銀行が地方で資産を持っている人のカネを集め、産業投資を進めたりしていました。資産家の貯蓄を集めて、それを公共事業で再分配していたわけです。

これは地方の富を集めて再分配する仕組みと言えますが、実は地方から吸い上げる、もっと言えば収奪して集めたカネを再分配する仕組みでもあったと思います。自民党の平等志向は、その隠れ蓑《みの》だったのではないでしょうか。

ブレーン政治――山口

自民党の黄金期は一九六〇～一九七〇年代です。池田勇人首相の四年、佐藤栄作首相の八年と長期政権が続き、「三角大福《さんかくだいふく》（三木武夫・田中角栄・大平正芳《おおひらまさよし》・福田赳夫）」という魅力的なリーダーが、次から次へと政権をバトンタッチしていった時代です。政治課題は、岸さんが六〇年安保で退陣したあと、憲法や安全保障の問題から国民の生活水準向上を目的とした経済成長へと転換します。「政治の季節」から、「経済の季節」への移行です。

池田・佐藤首相は、経済成長で生じる中間層が社会の中核になると考えました。中間層とは、中流意識を持った人々です。この時代、自民党のウイングは「左」に拡大し、国民各層から広く支持を得る、包括政党としての性格を確かなものとしました。また、吉田茂政権下ですでに生まれていた派閥が、多様な利害を吸収する役割を果たします。

池田政権下では、下村治《しもむらおさむ》（大蔵官僚ののち経済学者）など大蔵官僚を中心としたブレーン集団が形成されました。ブレーンが政策を打ち出し、政権がそれを実施するという「ブレーン政治」の始まりです。佐藤政権下でも、高坂正堯《こうさかまさたか》（国際政治学者）をはじめ、学者・官僚・マスコミなどの人材を広く結集してブレーンを組織化します。

彼らブレーンの能力を高く評価する向きもありますが、そのようなブレーンを活用した、自民党の政治家こそ評価すべきでしょう。

佐藤さんは政権後期、「福祉なくして成長なし」の理念を掲げます。後継の田中さんがその理念を引き継いで一九七三年に「福祉元年」と銘打ち、「老人医療費無料化」「五万円年金」など、社会保障の大幅拡充を打ち出します。まさに「包括政党」と言いたいところですが、これら福祉政策の背景には、左翼勢力の台頭がありました。

一九六〇年代末、飛鳥田一雄《あすかたいちお》横浜市長・美濃部亮吉《みのべりようきち》東京都知事など、地方自治体の革新系首長が競うようにして、高齢者医療の優遇策を講じていました。また、一九七二年暮れの総選挙では、共産党が躍進しています（一四→三八議席）。

これらを重く見た自民党は、野党顔負けの福祉政策を掲げたのです。今日の社会保障危機のタネは、皮肉にも福祉元年にまかれたのです。

自民党を支えた生活保守主義――山口

一九八二年に政権を組織した中曽根康弘さんは、「タカ派」のイメージが強い政治家でした。中曽根さんは就任当初、「戦後政治の総決算」を掲げて、強固な日米関係・行政改革など国家的価値を重視します。靖国神社公式参拝や教育改革も、その表れでした。ただ、靖国参拝は近隣諸国の強い反発を受けると、それ以降は参拝しようとしませんでしたし、教育改革でもタカ派が目指す復古主義的路線を採ることはありませんでした。

その後は、大平首相のブレーンだった佐藤誠三郎《さとうせいざぶろう》（政治学者）・公文俊平《くもんしゅんぺい》（社会学者）や、香山健一《こうやまけんいち》（政治学者）らを擁して、単なる復古主義ではない、言うならば「保守のリニューアル」を目指しました。特筆すべきは前章で触れたように、田中派主導の公共事業に代え、行革を通して新たな利益分配を行なったことです。

バブル崩壊後の停滞は、今日の日本にさまざまな影響を与えていることはまちがいありません。その意味では、一九八〇年代の中曽根政治はさまざまな問題の原因をつくった面もありますが、保守＝自民党のリニューアルには成功しました。これによって、自民党の賞味期限が延びたと思います。

この頃、みずからを「中流階級」だと考える人が急増。一九七〇年代以降、約九割に上っています。「一億総中流」社会の到来です。これは、所得の増加、三種の神器（テレビ・電気洗濯機・電気冷蔵庫）と呼ばれた生活家電の普及、教育水準の向上など、生活において職業や居住地域による差異が存在しなくなってきたことを意味しています。

彼らはさらなる生活向上を望むのではなく、現在の生活水準を維持することに関心を持ち、政治的には現状維持志向にありました。自民党の支持基盤が安定したのは、こうした「生活保守主義」と呼ばれる政治態度の反映でもあったのです。

ダブル選挙（衆参同日選挙）となった一九八六年の衆議院選挙において、自民党は戦後最高となる三〇〇議席を獲得、圧勝しています。以降、自民党は一党優位体制を確かなものにします。

中曽根さんが「支持層をリベラルな市民層にまで広げた」と述べたとおり、カネをバラまくのではなく、規制を外してチャンスを広げるという政治が、「中流」から「上」にかけての市民にとって歓迎されたのです。池田・佐藤両首相の予測どおり、中間層すなわち中流の人たちが自民党を支える中核となったのです。

中曽根さんはみずからの外見や見ばえを本格的に意識した、最初の首相でもあります。演出家の浅利慶太《あさりけいた》さんをブレーンにしてイメージ戦略を考え、自分の売り込み方を工夫していました。これまでの自民党政治家はもちろん、日本の保守政治家にはなかったことです。以降、有権者にどう見られるかを意識した政治家が増えていきました。

歴史を上書きした中曽根康弘――佐藤

佐藤（誠三郎）さんにしても、香山（健一）さんにしても左翼を経てきた人で（佐藤誠三郎は元共産党員、香山健一は元全学連委員長）、メンタリティにおいて左派体質を持ち、現状を変えていくことに関心を持っていました。そんな彼らをうまく使ったのが、中曽根さんでした。

中曽根さんは、明らかに東西冷戦の終結を先取りしています。レーガン大統領の懐《ふところ》に飛び込み、日米同盟を強固なものにするいっぽう、ソ連との関係改善にも熱心でした。日米同盟を基調にしながらも、地政学的発想もしていました。

一九八五年、コンスタンティン・チェルネンコ前ソ連共産党書記長の葬儀出席のために、中曽根さんが訪ソした時のこと。セットされていたゴルバチョフとの会談が終わり、別れ際、ゴルビーが「ダスヴィダーニャ（さようなら）」と言ったところ、ソ連側の通訳は「また会いましょう」と翻訳しました。

中曽根さんはそれを聞き逃さず、「『また会いましょう』と言ったから、アポイントを取りつけろ」と随行の大使館員に命じます。大使館員は「ダスヴィダーニャは『さようなら』という意味であり、『また会いましょう』という意味ではありません」と答えたのですが、中曽根さんは引き下がらない。大使館員の翻訳がまちがっていないことは承知のうえで、その一言に乗じたのです。中曽根さんが言うとおりに申し入れをしたところ、ゴルバチョフともう一度会えることになった。予定外の会談を取りつけたのです。

中曽根さんは国家主義的な価値観重視という意味で、イデオロギー的でした。これは、戦後日本政治の保守本流からすれば、きわめて異質です。行革を行なって革新勢力を切り崩し、返す刀で脱イデオロギーの利益調整・分配型の自民党政治を破壊しました。つまりイデオロギー的でありながら、現実的でもあるという稀有《けう》な政治家なのです。

人間的にも、およそ保守政治家らしくありませんでした。保守政治家は、時に人情味を見せるものですが、中曽根さんにはそれが希薄でした。

たとえば、小渕恵三《おぶちけいぞう》さんは外相の時に訪ロしたのですが、事前に、彼の知人である財界人から手土産代わりに、餅などが大量に届けられました。ところが、中曽根さんの時は大使館員一人に桃一個だけ。今までの保守政治家とは違うなあ、とてもドライな人だなと思ったものです。ちなみに、政治家が海外に赴く際、現地スタッフに土産を持参するのは、与野党問わずの慣習です。

また、一九八三年のアメリカのウイリアムズバーグ・サミットの際、各国首脳の集合写真ではイギリスのサッチャー首相を差し置いて、レーガン大統領の隣に入り込んだのにも驚きました。集合写真での立ち位置は、その時の首脳間の力関係を表しますが、それまで日本の首相は後列や端《はし》に立つことがほとんどでした。

鈴木宗男さんは「長生きはするべきだな。いつのまにか、中曽根氏のほうがリベラルみたいな顔になっている。長生きすれば、何度も歴史を上書きできる」と言っていました。中曽根さんは「風見鶏《かざみどり》」とのあだ名がありましたが、なんのためらいもなく宗旨替えができる政治家でもありました。

2 結党以来、最大の危機

五五年体制の終焉——山口

一九九〇年代は、自民党にとって最大の危機となった一〇年間でした。一九八八年のリクルート事件、一九九二年の東京佐川急便事件と汚職事件が続き、一九九三年に結党以来はじめて政権を失い、野党に転落するのです。

リクルート事件は、リクルートの関連会社の未公開株が賄賂《わいろ》として譲渡された事件です。収賄側の政治家や官僚も逮捕され、当時の竹下登首相が退陣しています。東京佐川急便事件は、金丸信《かねまるしん》自民党副総裁が東京佐川急便から五億円の闇献金を受領し、議員辞職に追い込まれた事件です。

二つの事件に象徴されるのは一党支配、または族議員と政務調査会を通した利益分配システムによる腐敗です。すでに中曽根政権下で出現していた近代化された市民層は、自民党の体質や利益分配システムを古臭い温情主義・父権主義で時代後れであるとの感覚を持つようになり、自民党離れを起こしました。

一九九三年に日本新党の細川護熙《ほそかわもりひろ》代表を首相に戴《いただ》く、連立政権が成立。ここに、五五年体制は終わりを告げたのです。野党転落後の自民党本部は閑古鳥《かんこどり》が鳴いていました。それまで官僚や経済人、陳情者、支持者でごった返していたのが、さっぱり来なくなった。自民党の政治家たちも意気阻喪《いきそそう》し、アイデンティティクライシスに陥りました。

しかし一九九四年、社会党と手を組んで、政権に復帰するという大技を見せます。このへんの権力本能は、すさまじいものだなと感心します。イデオロギーがまったく異なるはずの自民党と社会党が結びつき、しかも社会党左派の村山富市委員長が首相となることに、国民は驚きましたが、両党にはそれほど違和感がなかったと思います。まさに、「魚心あれば水心」でできた政権でした。私は当時、この連立を「国対護持」と呼びました。国対（国会対策）から生まれた政権ということです。

一九九〇年代半ばまでの自民党では、後藤田正晴《ごとうだまさはる》さん・梶山静六さん・野中広務さんなど戦争を経験した政治家が指導的役割を果たしていました。彼らは、日本国憲法とそれをもとにした体制の価値を再確認し、積み残しになっていた諸問題に決着をつける意識を持っていました。

社会党も、かつてのような反戦・護憲だけでは持たないことをわかっており、自民党の護憲路線と手を組まざるをえない状況にありました。何しろ、一九九三年の衆議院選挙では、反自民党票は野党第一党の社会党ではなく、保守系の新生党（自民党を離党した羽田《はた》孜《つとむ》・小沢一郎らが結成）と日本新党に流れたのですから。

村山首相と自民党幹事長の梶山さんは同時期に国会対策（国対）委員長を経験しており、良好な関係を保っていました。自民党と社会党はイデオロギーとは別に、国会対策では融通無碍《ゆうずうむげ》に結びついていました。主義主張は違っても、人間として共感するという政治家のつながりがあった時代は、議会政治がそんなに無茶になりませんでした。

梶山さんは旧田中派の流れを汲む、自民党最大派閥の経世会《けいせいかい》の幹部であり、このルートで連立政権（新党さきがけを加えた自社さ連立政権）が誕生します。これを機に、経世会は、平成研究会（平成研）に改称します。

こうして、自民党は最大の危機を乗り越えて生き延びたのです。

国内の「空気」の変化――佐藤

自民党離れの要因は、もう自民党でなくてもいいだろうとの「空気」が、国民の間で醸成《じょうせい》されたことも大きいと思います。

この「空気」は、東西冷戦の終結によってつくられました。一九八九年のベルリンの壁崩壊、事実上の冷戦終結である米ソ首脳によるマルタ会談、一九九一年のソ連の崩壊を目《ま》の当たりにしていくなかで、社会主義革命の防波堤、革新陣営の対抗として自民党を支持する気持ちが薄らいでいったのです。

それまで国民は、ある程度の汚職は資本主義と議会制民主主義を維持するコストとしてしかたない、と目を瞑《つむ》っていたところがありました。自民党の腐敗はひどいが、これを攻撃しすぎて共産主義革命が起きたら困る、との暗黙の了解があったのです。実際、戦後政治において、政治腐敗を直接の原因にして政権が倒れたことはありませんでした。

ちなみに、議会制民主主義は国民に選ばれた代表者が議員となり、議会で話し合って政治を行なうことで、第一章で触れた代表制民主主義（間接民主主義）は国民が自分の選んだ代表者を通じて、間接的に政治に参加することです。

東京佐川急便事件への検察の対応に、その時の「空気」が如実に反映されています。金丸さんが闇献金をあっさり認めて自民党副総裁を辞任したことで、検察は取り調べをしない略式起訴にして、罰金二〇万円の形式犯の処分で収束させました。これに国民は猛反発。東京・霞が関の検察庁庁舎の「検察庁」と刻《きざ》まれた看板に、抗議のペンキがぶちまけられたのです。権威の失墜の象徴として、検察は大きなショックを受けます。

結局、金丸邸の金庫から闇献金で大量に購入した割引金融債や金の延べ棒が出てきたことから、金丸さんは所得税法違反で逮捕・起訴されました。

これが冷戦期なら、自民党の腐敗を徹底追及することで社会主義政権が生まれたらどうする、資本主義が崩壊してもかまわないのか、との議論が国家中枢および検察内部で必ず出てきたはずですし、そこまで踏み込めなかったでしょう。しかし、すでに冷戦は終結し、社会主義・共産主義国家は世界地図から急速に減りつつありました。世界情勢も、国内の「空気」も大きく変わっていたのです。

また、官僚側にも、自民党離れの空気が生まれてきていました。このような品性下劣な連中をパートナーにするよりも、もうすこしまともな勢力はないのか、と。

土井たか子はハマコーが好きだった⁉——佐藤

社会党が自民党と手を結んだ背景には、村山さんの危機感があったと思います。冷戦終結で革新陣営が衰退していくなか、このままでは社会党はじり貧になっていく、と勝負に出たのでしょう。

小が大を飲み込むことはできないが、社会党から首相を出すことで、社会党の存在感を示した。とはいえ、君が代・日の丸、日米安保体制・自衛隊など、これまで社会党が反対してきたことを容認しなければならないのですから、いずれ自分たちが自民党に呑み込まれることが村山さんにはわかっていたと思います。

当時の自民党総裁は、宏池会の河野洋平《ようへい》さん（河野太郎防衛相の父）でした。社会党にすれば——岸信介さん・福田赳夫さんの流れを汲む清和会《せいわかい》や中曽根派はイデオロギッシュだし、田中角栄さんにつながる経世会では下品すぎる。池田勇人さんから始まり、ハト派で穏健リベラルな宏池会なら組みやすい——との思惑もあったでしょう。実際に連立政権樹立に動いていたのは、主に経世会でしたが……。

戦争体験に裏打ちされた政治家の感覚は、とても重要だと思います。戦争に対してリアルに認識しており、派閥を問わず、護憲の意識が強かったのです。

今と異なり、当時は与野党の政治家の間に人間的なつながりがありました。主義主張や政策とは別に、信頼関係を築く土壌がありました。

元社会党委員長の土井《どい》たか子さんは「自民党の政治家で一番好きなのはハマコー（浜田《はまだ》幸一《こういち》さん）」と言っていました。「政治的にはともかく、人間的にはとてもいい人だ」とも。浜田さんは礼儀正しく、さまざまなことで連絡をくれるし、またちょっとした贈り物をしてくれるなど、非常に細《こま》やかな人だったそうです。

同じく元社会党委員長の田辺誠《たなべまこと》さんと金丸さんとの信頼関係も、よく知られていました。一九九〇年に金丸さんと田辺さんは北朝鮮を訪問し、金日成《キムイルソン》と会談していますが、これは田辺さんからの強い要望だったと言われています。

3　日本社会の衰弱

衰弱の始まり――山口

一九九五年一月、阪神《はんしん》・淡路《あわじ》大震災が発生。三月にはオウム真理教による地下鉄サリン事件が起こりました。バブルが崩壊したとはいえ、まだ明るかった世相が一変します。そして、阪神・淡路大震災への対応の遅さが非難された村山政権の内閣支持率が急落。村山さんは翌年には退陣し、あとを橋本龍太郎さんに託すのです。

私は、一九九〇年代の自民党政権のなかで橋本政権と小渕政権を重要視しています。二人からは、冷戦後の自民党を立て直して能動的な外交、あるいは戦後処理をここで終わらせるとの意識が強く感じられました。

一九九六年に誕生した橋本政権は、内政では新自由主義路線を採り、六大改革（63ページ）に取り組むなど、小泉さんの構造改革を先取りしています。外交では、日ロ関係に傾注しています。一九九八年に始まる小渕政権は日韓関係の改善に努め、国賓《こくひん》として訪日した金大中《キムデジュン》大統領と日韓共同宣言で、日韓新時代を強調しました。

冷戦が終結すると、地政学的な目で世界を見る人たちが現れます。橋本さんの日ロ外交がまさにそうですが、日米関係だけを考えていればよいという時代が終わり、日本から世界秩序の構想を打ち出していく動きが出てきたのです。特に、小渕政権が打ち出した「アジアとの共生」「人間の安全保障」などの政策がもうすこし深化していたらと、残念に思います。

この時期から、日本社会の衰弱が始まっていることも見逃せません。

一九九五年、日経連（日本経営者団体連盟）は報告書「新時代の『日本的経営』——挑戦すべき方向とその具体策」を発表。これは、労働者を幹部候補・専門職・派遣社員（非正規社員）に分類して、労働力の流動化を進め、人件費節約をはかるというものでした。

その二年後に北海道拓殖銀行破綻など深刻な金融危機が起こるのですが、団塊ジュニア世代の大学卒業の時期と重なり、就職できない人が大量に出現しました。いわゆる就職氷河期です。若年層が不安定な状態に追い込まれ、「プレカリアート（precarious［不安定な］からの造語で非正規社員・失業者・ホームレスなどの総称）」などの言葉も生まれています。

この時に団塊ジュニア世代がきちんとしたライフチャンスを確保できなかったことが、その後の日本社会の衰弱を決定的にしたと、私は見ています。その端的な表れは、第三次ベビーブームが起きなかったことです。安定した仕事・所得を得られない人は結婚できないし、子どもをつくりません。団塊ジュニア世代の結婚難が、人口減少を加速させたのです。

そして、個々の企業が合理性を追求していくことで、社会全体として若者の就職難・結婚難、ひいては人口減少をもたらすという合成の誤謬《ごびゅう》（ミクロの視点では合理的な行動でも、それが合成されたマクロ世界では好ましくない結果が生じること）が起こります。

具体的には、企業が経営健全化をはかるために人件費を削減すると、個人消費が停滞して、景気の低迷を長引かせました。これを是正するには、政府の介入が必要だったのですが、橋本・小渕政権をはじめ、のちの自民党政権には、危機意識がありませんでした。

グローバル化という言葉が使われるようになり、大競争時代を生き抜くために、企業は雇用システムを変化させせました。この大きな社会システムの変換に対して、個人はついていけなかった、あるいは何が起こっているのかわからなかったのです。

一九九〇年代後半、さまざまなものを見落として対応が遅れたことが、今日に尾を引いています。その時代の最後、小渕さんの次に首相になった森喜朗さんを、佐藤さんはどう評価していますか。

ガラパゴス化——佐藤

森さんが密室の決定で首相になった人であることは確かです。重要なのは、そのようなことが起きた背景事情です。そこで見なくてはならないのが、日本社会の衰弱です。社会が衰弱したから、権力者が密室で談合して首相を決めるようなことが可能になってしまったのだと思います。

さて、団塊ジュニアの次の世代は、悪い意味でのロールモデルとして先輩たちを見て、ああいう状況には陥りたくない、自分の身は自分で守るしかない、と生活保守主義に入っていきました。そして、可処分所得を手元に置き、消費をあまりしないライフスタイルを取るようになります。

いっぽう、企業はヒト・モノ・カネの移動が自由になったグローバリゼーションのなか、激しい国際競争にさらされています。ですから、単純に企業や資本家が強欲だということだけでは合成の誤謬を説明できませんし、企業に過度な負担を求めれば競争力を失うことになりかねません。この是正は政策を通して、政府が行なうしかないのです。

日本企業の競争力の低下も、この時期に端緒《たんしょ》があったと思います。ビデオにおけるVHSでは、日本はデファクトスタンダード（事実上の標準）をつくることに成功しました。携帯電話も、高い技術と独自システムによる発展が続いていました。ところが、ビデオとは異なり、一〇年も経たずしてガラパゴス化してしまいます。

日本は一九九〇年代の後半、プラットフォーム（商品・サービス・情報などの基盤）づくりができる国から、それができない国になってしまったのです。自分たちはプラットフォームがつくれると思っているから、他国がつくったプラットフォームに乗るという発想がなかなかできなかったのです。これについては、第五章で改めて論じたいと思います。

外務省の三つの勢力——佐藤

橋本さんは一九九七年七月、経済同友会会員懇談会において、日米中ロの四カ国の相互関係のなかで、日ロ関係がもっとも立ち後れているとの認識を示します。そして、日ロ双方の利益とともに、アジア・太平洋地域の安定に貢献する二国間関係の改善は、二一世紀に向けて両国政府が取り組むべき最優先の課題のひとつである、と訴えました。

当時、NATOはロシアを取り込み（実際は封じ込めですが）、ヨーロッパを中心とした冷戦後の新しい国際政治経済構造をつくろうとしていました。この大西洋から見た東方拡大に対して、橋本さんはロシアを太平洋地域に誘うという、太平洋から見た独自外交路線を打ち出したのです。

これに、エリツィン大統領が食いつきます。同年一一月、シベリア中部の都市クラスノヤルスクで橋本首相との会談が実現。東京宣言（一九九三年に訪日したエリツィン大統領と細川首相が署名した文書）にもとづき、二〇〇〇年までに領土問題を解決し、平和条約を締結することを目指すという「クラスノヤルスク合意」が交《か》わされました。結果としては、平和条約も領土問題も解決には至りませんでしたが、解決に近づいたのは事実です。

外務省には外交戦略に関して、主に三つの勢力があります。

ひとつは、極端な親米主義です。日米同盟が日本外交の基本であるというのは、外務省の「公理系（大前提）」です。その意味で外務官僚は全員、親米派です。しかし、親米と言っても濃度が異なります。極端な親米主義とは、アメリカとの同盟関係さえ保持していれば、他の問題はほぼ解決できるというもので、外交官としては岡崎久彦《おかざきひさひこ》さん（元情報調査局長、のちに評論家）などが挙げられます。

二つ目が、アジア主義です。戦前からある流れで、中国の存在は無視できないというものです。日本はアジアの国であり、日米同盟を基幹にしつつも中国との関係を改善して、究極的には東京・ワシントン・北京で新秩序をつくるという考え方です。外交官としては小倉和夫《おぐらかずお》さん（元経済局長、元韓国大使）、田中均《たなかひとし》さん（元外務審議官。小泉首相と金正日《キムジョンイル》総書記の会談開催を主導）などが挙げられます。

三つ目が、地政学的な考え方で、この立場をとる外交官は「主義」というものを嫌います。冷戦期は非常に強い日米同盟の堅持者であり、反ソ・反共主義者でした。

では、共産主義の看板を下ろしたロシアをどう見るかというと、脅威は共産主義であってロシアではない、ロシアはもはや革命の輸出をしない通常の帝国主義国、と考えるわけです。そのうえで、台頭する中国とカウンターバランスを取るために、ロシアに接近するという地政学的発想をします。丹波實《たんばみのる》さん（元外務審議官、元ロシア大使）、東郷和彦《とうごうかずひこ》さん（元欧亜局長、元オランダ大使）などがそうです。私も、その一人です。

この三つの勢力は外務省内で拮抗《きっこう》していたのですが、一九九七～二〇〇一年の四年間、橋本・小渕・森政権は、三つ目の路線を採用しました。これは、単なる対ロ関係の改善ではなく、背景にあったのは中国です。台頭著《いちじる》しい中国と後退するアメリカという現実への対処だったのです。その結果として、日ロ接近に合わせて中国が歴史認識問題を言わなくなりました。これはとても重要なことです。

ところが、その後の小泉政権はこれらを全部ふっ飛ばして、アメリカと良好な関係さえ築いていれば問題ないと、極端な親米主義路線を採ったのです。

経世会支配の終わり――佐藤

小渕さんはみずから「真空総理」と言っていましたが、それゆえに強い総理になっていったように思います。この人は頼りないから、みんなでなんとかしなければと、各省庁から優秀な人たちが集まって支えたのです。

また、「私は世界一の借金王」と言ったように、国債の発行を増大させました。たとえば一九九九年度予算では、前年の二倍にあたる三一兆円もの国債を発行しています。橋本さんのキャップ制（概算要求ルール）とは反対に、蛇口をどんどん開いてしまったわけで、これが今日につながっています。橋本さんは財政・社会保障の持続可能性の危機という意識が強かったですが、小渕さんにはそれが見られません。

森さんは偶然の機会によって首相になった人であることは確かですが、森政権がなければ、小泉政権が生まれることも、安倍政権が生まれることもなかったでしょう。すなわち、田中派以来の経世会（一九九六年からは平成研究会）支配が続き、清和会（一九九八年からは清和政策研究会）主導の体制はできなかった。

森さんは官房長官はもちろん、官房副長官から秘書官まで清和会系に入れ替えました。官邸の人心を一新し、権力構造を移行させたことはとても大きかったと思います。それまでは自民党＝経世会でしたが、小渕さん以降、経世会からは首相が出ていません。

森さんはサメの脳みそと揶揄《やゆ》されましたが、実際は精緻《せいち》な思考をする人で、よく勉強されていました。人柄も温厚で、私は尊敬しています。ブリーフのために、森さんのところにうかがうと、必ずポケットから、私が事前に提出しておいた書類を「ありがとう」の一言を添えて取り出します。書類には、何度もボールペンで線を引いたあとがあり、その箇所は全部覚えておられました。

外交の場でも、条約文・事実関係の日付・統計上の数字・固有名詞のカードをつくって臨《のぞ》んでいました。会談は基本的にはアドリブですが、大事な部分はカードで確認するので、絶対にまちがえない。実は、ロシアのプーチン大統領もまったく同じスタイル。期せずして、スタイルが一致しており、これが二人の信頼関係につながった理由のひとつかもしれません。われわれ外交官にとっては、森さんのスタイルがベストです。事実、森政権ではさまざまな交渉が動いています。

ちなみに、橋本さんは紙を見ないで話したがります。すべてアドリブだから、人間関係の構築はうまいのですが、時々まちがえました。小渕さんは相手の目を見ないで、ひたすら下を向いて紙を読みます。これだと、まちがいはありませんが、相手の心を読むことができません。

森政権が続いていれば、北方領土は返還された――佐藤

森さんのことで印象に残っているのは二〇〇〇年一一月、APEC《エイペック》（アジア太平洋経済協力）が開かれたブルネイで交わした会話です。

ちょうど「加藤の乱（加藤紘一・山崎拓らが起こした森政権への倒閣運動）」の時で、加藤さんが次期総理に有力視されていました。そのことでロシア対外諜報庁の東京機関長が、私に接触してきました。彼は、私に「加藤が密使を通じて、森政権は近く潰れるからプーチンは森と交渉しないほうがよいと言ってきている」と伝えたのです。

森さんに伝えたところ、「加藤はそういうことをしているのか。しかし、情報をありがとう。悪い話はなかなか入ってこないからな。ところで、北朝鮮について、俺がやっていることを知っているか」と言います。

私が「なんとなく感づいていました」と答えると、「北朝鮮との関係を改善するために、いろいろと働きかけているんだが、加藤は北朝鮮に密使を送って『森とはやるな』と言っている。俺は、外交に政争を巻き込むべきではないと思っている。しかし、加藤の感覚は違うようだ。ただ、俺はもうダメかもしれない。いろいろと支えてくれてありがとう」と

打ち明けてくれたのです。そして、プーチン大統領との思い出話を始めました。私が「思い出話はまだ早いです」と言うと、「加藤政権になっても、日ロ関係は俺に仕えたのと同じように支えてくれよな、頼む」と深々と頭を下げたのです。

結局、森さんは史上最低の支持率のなか、内閣総辞職を決断しました。しかし、不思議なことに、支持率が消費税率（当時は五％）に近づき始めると、それまで激しかったメディアの批判がピタッと止《や》んだのです。われわれ官邸に近い官僚は「これで一段落ついた。なんとか凌《しの》げそうだ」と安堵していたのですが、事実はまったく違いました。

親しい記者が言うには、支持率には生理的忌避《きひ》というレベルがあり、その域に入ると、読者・視聴者は為政者の顔や名前を見たり聞いたりするだけで不快に感じ、新聞・雑誌が売れなくなり、テレビの視聴率が上がらなくなるのだそうです。つまり、森さんの支持率はそこに入っていたのです。

もし、森さんが失脚しなければ、北方領土問題は決着していたでしょう。実際、政権末期の二〇〇一年三月、シベリア南部の都市イルクーツクで行なわれた日ロ首脳会談では、膠着《こうちゃく》していた北方領土問題が大きく動いています。

北方領土問題はそれまで、四島（択捉島《えとろふ》・国後島《くなしり》・色丹島《しこたん》・歯舞群島《はぼまい》）一括返還にこだわる日本と、それを拒否するロシアとの間で、いっこうに進まない状態にありました。そのような状況下、鈴木宗男さんと私は、森さんに「歯舞・色丹の二島返還と国後・択捉の帰属に関する協議の同時並行」という提案をしました。二島を先に返してもらい、その後に国後・択捉の帰属問題を交渉するという、言わば妥協策です。

これは、かなりの批判を受けるかもしれません。しかし、日本が四島一括返還にこだわっているかぎり、ロシアは絶対に返しません。

ロシアは当時、まだクリル諸島（千島《ちしま》列島）開発の計画を本格的に実行していませんでした。たとえば、色丹一島に、北海道・根室《ねむろ》並みのインフラを整備するには一兆円以上かかります。その整備を見た国後・択捉に住むロシア人は羨《うらや》み、日本への帰属を希望する。つまり、二島返還からそれほど時間はかからずに、日本への帰属は実現できたかもしれない。実際、プーチンは同時並行協議に前向きで、その案を具体的に進めようとなった矢先、森さんが辞任したのです。

あとを継いだ小泉政権は方針を転換。四島一括返還の原則に戻してしまいます。田中眞紀子外相は「日ロ関係は（一九七三年の）田中・ブレジネフ会談が原点」と発言し、森路線はけしからんと激怒しました。

眞紀子さんの父・田中角栄さんは、レオニード・ブレジネフ・ソ連共産党書記長との会談で、それまで「北方領土問題など存在しない」と言い続けていたソ連に、領土問題があることを認めさせています。もっとも、それは口頭合意にとどまり、共同文書には記載されませんでした。のちにソ連は口頭合意の事実すら否定するようになりました。同会談の実態をよく勉強していない眞紀子さんは、この父親の成果を台無しにするものと怒ったわけです。

4　自民党の変質と弱体化

小泉政権が変えたもの――山口

小泉政権（二〇〇一年四月〜二〇〇六年九月）では、自民党の体質や雰囲気が明らかに変わりました。そのひとつが、経世会の弱体化です。

小泉さんは二〇〇一年の自民党総裁選挙で「自民党をぶっ壊す」と叫び、勝利しましたが、この言葉には、経世会の流れを汲む農業・建設・郵政などの族議員を駆逐するという意味がありました。もともと、小泉さんは自民党を支配してきた経世会への対決姿勢を明確にしており、反経世会を政治信条としていました。加藤紘一さん（宏池会）・山崎拓さん（近未来政治研究会＝山崎派）と結成したＹＫＫも、その一環です。

小泉政権では市町村合併を推進しましたが、地方行政と公共投資を絞ったことで、従来の経世会が主導した内政が大きく転換し、経世会は弱体化していきました。

もうひとつが、党および官邸による支配の強化です。

二〇〇五年のいわゆる郵政解散後、小泉さんは郵政民営化に反対した衆議院議員を除名したうえで「刺客」と呼んだ対立候補を立て、反対勢力を一掃しました。小選挙区制のもと、党執行部への権力集中を鮮明に印象づけた選挙でした。

リーダーが掲げる政策の実現のために、政党が結束して行動することを議会制民主主義のひとつの規範と考えるならば、小泉さんの手法は、まさにそのとおりであったと言えます。一九九〇年代の政治制度改革と行政改革が、小泉政権時代に一気に成果を表したと評価することができます。

しかし、これには負《ふ》の側面があります。一九九〇年代までの合意による政治から、単純な多数支配への転換です。利害調整だけでなく議論もやせ細り、反対意見が出ると、開き直る始末です。小泉さんは、郵政民営化がどのような意味を持つのか、なんのために行なうかを論理的・体系的に説明することはしませんでした。反対する者を「抵抗勢力」と呼び、敵視した。これは、言葉の崩壊です。安倍政権ではそれが露骨になり、民主主義を歪《ゆが》めています。

小泉さんは、内閣の機能も強化しました。経済財政諮問会議を活用して族議員の力を削《そ》いだことで、政策決定が官邸主導になったのです。強い影響力を持ったのが、内閣府特命担当大臣（経済財政政策）を務めた竹中平蔵《たけなかへいぞう》さんです。

日本開発銀行出身の竹中さんは、小渕政権の時に経済戦略会議のメンバーになっていました。小渕政権の時はケインズ主義者だったのか、財政出動を進めます。しかし、小泉さんに代わると、にわかに新自由主義者になっています。変幻自在な人です。

外交に関しては、親米路線に回帰した印象があります。そのいっぽうで、北朝鮮との国交正常化に手をつけようとした。この動機はなんだったのでしょう。

反知性主義――佐藤

郵政解散も、その後の選挙も、反知性主義に支配されていました。

確かに、郵便事業は赤字でしたが、簡保（簡易生命保険）と郵貯（郵便貯金）で、その赤字を補っており、郵便局は一円も税金を使っていなかったのです。しかし、郵便事業を官営から民営にすることで、小さな政府を実現させると国民に思い込ませて、選挙に勝利しました。そこには、論理性も客観性もありません。

小渕さん・森さんなど、一九九〇年代の自民党政治家は一見下品でも、小泉さん・安倍さんとは知性に対する敬意の払い方が違います。

私は鈴木宗男さんから、山口さんもかかわった論文集『代議士とカネ――政治資金全国調査報告』（佐々木毅ほか編、朝日選書）を示されたことがあります。鈴木さんは「野中（広務）先生から『これを読んでおけ』と言われた。山口二郎さんが俺のカネの集め方などを書いているが、きわめて正確だ。ロシアとの関係もよく見ている。もうすこし政策で具体的なものを出さないと限界があるとあるが、これは正しい分析だ。おそらく、山口さんは向こうの陣営（民主党）から北海道知事選挙に出るだろう」と言っていました。

当時の自民党の政治家にはこうした目配りがあり、批判からも学ぶ姿勢を持ち、書物や資料をよく読んでいました。これが安倍政権の閣僚だと、批判的なことが書かれていたら、カーッとなって終わりでしょう。

多数支配は、ポピュリズムの論理と同じです。ポピュリズムも民主主義の一形態ですが、多数決原理による総取りです。言葉を換えれば、少数派を無視してもよいということです。また、党の公認を得た一人しか選挙区に立てない小選挙区制は、党執行部の力を格段に強めました。これもまた、ポピュリズムとなじみやすいものです。

北朝鮮との外交交渉は、小泉さんが歴史に名を残したかったからでしょう。外交で名を残せるのは、ロシアか北朝鮮のどちらかです。ともに戦後処理ができていませんから。ただ、これは前述のとおり、森さんがすでに進めていたことです。小泉さんはそこに乗っただけで、けっして「電撃訪朝」ではありませんでした。なお、安倍政権の対ロ交渉も、民主党の野田佳彦政権の時に準備されていました。

脆弱になった支持基盤——佐藤

小泉さんの「自民党をぶっ壊す」という公約は、本当でした。今の自民党は、本当に壊れてしまっていますから。安倍政権は一見盤石《ばんじやく》に見えますが、実はきわめて不安定であり、それは自民党の政治家自身がよくわかっています。

二〇一七年九月、衆議院の解散・総選挙を控えて、小池百合子《こいけゆりこ》東京都知事は希望の党を結成します。希望の党は民進党（旧民主党、のちに国民民主党と立憲民主党に分裂）と合流して国政進出をはかり、旋風を起こします。しかし、小池都知事が合流に際し、リベラル系議員を「排除します」と言ったことで、その勢いは選挙を前にして一気にしぼんでいきました。

この時、小池さんが都知事を辞めて、みずから選挙に出る決断をしていたら、局面が変わっていたと私は思います。排除発言があっても、です。実際、当時の自民党は相当な危機感を抱いていました。

この危機意識は、小泉政権以降の自民党の特徴です。小泉政権は、小泉さんの一種のカリスマ性によって長期政権になりましたが、その後は回転ドアのように、安倍さん（在任三六六日）・福田さん（同三六五日）・麻生さん（同三五八日）と、ほぼ一年ごとに首相が代わりました。そして二〇〇九年九月、民主党に政権を奪われるのです。

実は、自民党の弱体化は小渕さんの時からすでに始まっていました。それまで自民党の支持基盤であり、集票マシンとして選挙を支えてきた中間団体（個人と国家の間にある組織）が弱くなったり、自民党との距離を置き始めたりしたからです。逆に、自民党のほうから離れた場合もあります。

たとえば、かつては手厚い農政により、自民党の「最大の支持組織」だった農協（農業協同組合、JA）は、今やそれほどの組織力はありません。農業界で、自民党が頼りないと考える人たちが増えているからでしょう。

また、小泉さんの時に行なわれた道路公団民営化などによって、道路族や建設族が衰《おとろ》えるとともに、同業界が集票マシンとして機能しなくなりました。

現在、自民党を支持する日本医師会は力を増していますが、今後、医療費の国庫負担が大きくなればメスを入れざるをえませんから、そうなると自民党から離れていく。自民党の支持基盤はますます脆弱になっていきます。

これら中間団体の集票力が弱くなったため、組織的に票を集めることができる公明党とつながらないかぎり、自民党は選挙に勝てなくなっています。もはや、公明党を抜きに日本の政治が語れない状況になっているのです。

小沢一郎の深謀遠慮――山口

自民党が弱くなったのは、やはり選挙制度の変更、すなわち中選挙区制から小選挙区制への移行が非常に大きい。派閥の領袖からの資金援助をもとにみずから一票一票集めて選挙に勝つのか、自民党公認という看板で地域の保守票を一手にまとめて勝つのか。選挙の戦い方がまったく変わったのです。

小選挙区制度での総選挙は一九九六年を皮切りに、二〇〇〇年・二〇〇三年・二〇〇五年と回を重ねてきました。二〇〇五年の総選挙は「郵政民営化」による小泉旋風が吹きましたから、自民党公認の看板があれば楽に勝てました。

自民党を決定的に変えたのは、小渕内閣の時に始まった自公体制（自民党と公明党による連立政権）です。今日の公明党頼みの状況を先取りしたという点で、小渕さんの功績と言えなくもありません。

この政界再編劇は当時、自由党を率いていた小沢一郎さんの深謀遠慮から生まれました。小沢さんは正攻法での政権交代をあきらめ、いったん自民党と組んで政権に入り、保守二党による再編を考えていました。

いっぽう自民党は、過半数割れしていた参議院をテコ入れするために、公明党を取り込もうとしていました。しかし、公明党支持者には自民党と組むことに拒否反応があったため、自民党は小沢さんの誘いに乗ります。つまり、自民党と公明党の間に自由党を挟むことで、公明党支持者の自民党アレルギーを弱めるわけです。こうして、自自公政権が誕生し、その後、自由党が連立から離れて、現在の自公政権に至るわけです。

佐藤さんが言われたように、中間団体が自民党を支えられなくなっていることが、自民党を弱くしています。小選挙区三〇〇のうち、保守票を固めれば勝てる選挙区は二〇〇くらいあり、そこに公明党の支持がプラスされれば、自民党は勝てる状況にあるはずです。

しかし、地方の建設業者は公共事業抑制で相当弱っていますし、民営化された郵便局は集票マシンとして機能しなくなっています。保守系の組織票が大幅に減っているのです。

「お仲間集団」となった派閥――山口

小泉さんは組閣において、それまでの派閥力学と当選回数にもとづく人事を無視することで、派閥と派閥領袖の力を減殺することに成功します。当然ですが、首相の権力は強まります。一九九四年に導入された政党交付金が効果を発揮し始めたのも、この頃です。政党交付金の分配、そして選挙の際に公認するか・しないかを決めるのは執行部ですから、総裁・幹事長に権力が集中します。

いっぽう、派閥は主《あるじ》なき、ゆるやかな「お仲間集団」になりました。ちなみに、自民党は年功序列よりも当選回数至上主義です。年齢が上でも、当選回数が少なければ「後輩」と見なされます。

こうして、派閥の衰弱・議員を支える後援会の弱体化・業界団体の影響力低下など、自民党で長らく培《つちか》われてきた政治風土・文化が破壊され、政治家自身も劣化していきました。

人材育成は、派閥の主たる機能のひとつでした。かつては、当選回数の多い先輩議員が新人に、それこそ政治家としての所作・ふるまいから始まる教育をしていました。しかし、明日のわが身がどうなるかわからないのが小選挙区制ですから、先輩議員も若手の面倒を見ている余裕などありません。党中央に睨《にら》まれることなく、総裁が吹かしてくれる「風」に乗ることに力を注ぎます。

また、かつての自民党の総裁選挙は政治家を鍛える格好の場でした。「金権選挙」の温床となったことは事実ですが、派閥間の熾烈《しれつ》な争いがなくなると、権力闘争の経験がない議員ばかりになってしまいました。はたして彼らが、国益をかけて、海外の強《したた》かな政治家と渡り合うことができるのでしょうか。

もはや、若手議員にとって、派閥は忠勤を励《はげ》む場ではありません。いくら派閥のために努力しても、当選回数は考慮されませんし、人気があれば小泉進次郎《しんじろう》さんのように若くても大臣になれるからです。

最近の自民党議員は、政策の勉強や選挙区を地道に回ることよりも、ツイッターなどSNSでのパフォーマンスを重視しているように、私には思えてなりません。

政治家と官僚の距離が近づいた理由――佐藤

派閥の衰弱によって、政治家としての教育を受けずに見様見真似《みようみまね》ですから、変なことをする議員が続出するのです。

議員は小選挙区制になったことで、蓄財に走るようになりました。最近は、衆参の議員会館に行くと、無人の議員事務室が目につきます。本来なら、議員事務室に常駐させるべき公設秘書を地元の事務所に置いて、維持費を節約しているのです。

政治家としての実力がなく、組織票もない。公明党と組んでいても、大きな逆風が吹けば簡単に落選してしまいます。落選後の生活基盤は、誰も保証してくれません。その時に備えて歳費を貯《た》めておこう、というわけです。議員のサラリーパーソン化です。

自民党議員と官僚の関係も変化しています。

官僚は、政府与党一体が原則ですから、与党を見ています。ちなみに、霞が関で「党」と言うと自民党を指します。他の政党は、たとえば公明党・立憲民主党など、党名がつきます。

派閥間に権力闘争があった時代、霞が関のスタイルは、首相や特定派閥の領袖に偏《かたよ》るのではなく、各派閥の有力政治家に保険をかけていました。そうでないと、それまでつきあいのない派閥から首相が出た場合、コミュニケーションが取りづらくなるからです。

私が北方領土問題にかかわった際、問題の性質上、あっちにもこっちにも保険をかける＝多くの政治家とコミュニケーションを取ることはできませんでした。ですから、鈴木宗男さんという特定の政治家にピタッとくっついたのです。

ところが、霞が関では今、私のスタイルが主流になっているようで、一定のポジション以上になると、権力を持った特定の政治家にピタッとくっつきます。

前述のとおり、橋本政権から官僚の人事に官邸が関与するようになりました。しかし、その対象は審議官（局や部の次長）・部長・局長以上、いわゆる指定職にかぎったものでした。それが、安倍政権で内閣人事局が設置されてからは、課長級人事も官邸の意向が確かめられるようになったのです。

これは、重要な変化です。なぜなら、霞が関では、課長がキーパーソンになっているからです。

中央省庁では情報や文書は課単位で集約され、一元管理されています。つまり、課長が情報を握っているのです。上司である部長・局長は、課長をしっかり掌握できているかどうかが問われます。その上の審議官・次官は個室を与えられて、そこにいます。言わば重要な情報から隔離されている。ですから、課長のところで情報や文書を止めてしまえば、上司にはわかりません。

この構図を官邸は承知していますから、重要な課長ポストには、官邸の意向を踏まえることができる者を配置するのです。

かつては、政治家と折衝するのは局長以上であり、それ以下の、多くの官僚は政治家と関係を持つことはありませんでした。しかし、今は役職も年齢も低い時から、政治家と関係を持つようになっています。霞が関が政治化していくのは必然なのです。

さらに、メディアも政治家・官僚との関係が近くなって同質化する傾向にあります。

5　国民は変化を求めていない

本当の民意――山口

自民党が弱体化していると言っても、また一九九〇年代まで平等志向の包括政党だった自民党が格差社会をつくり出す政党に変貌しても、自公政権は選挙で勝利し、過半数の議席を得てきました。

二〇一九年七月の参議院選挙の投票率は四八・八％でした。投票時間を夜八時まで延長、期日前投票の大幅な簡易化など、投票率を上げる工夫をしましたが、過去最低だった一九九五年の参議院選挙（四四・五二％）以来、二四年ぶりに五〇％を割りました。

この時の、全有権者に占める自民党の得票率は一八・九％です。第二次安倍政権発足後、五回の選挙（参議院選挙三回、衆議院選挙二回）が行なわれていますが、過去四回の得票率は二〇％台で推移していました。今回はじめて二〇％を切ったのですが、自民党は選挙区改選議席数七四のうち過半数の三八議席を占めました。つまり、二割に満たない支持で、五割を超える議席を得ているのです。

これは、有権者の政治に対するシニシズムの表れ、と私は見ています。現状を積極的に肯定・賛美するわけではないけれど、かといって、投票に行って現状を変えようという意欲もないし不満もない。つまり、「消極的な現状肯定」です。

とはいえ、まったく政治に無関心というわけではありません。国民は、今回のコロナ禍における政府の危機管理対応に不満・不安の声を上げ、不信感を露《あら》わにしました。秩序維持は政治の根本であり、政府に適切な危機管理を求めるのは、どこの国でも同じです。ましてや、生活に被害をおよぼすとなればなおさらでしょう。

安倍政権の支持理由でもっとも多いのが「他に代わりがいないから」ですが、この「秩序維持」も無意識・無自覚の支持理由としてあるのではないでしょうか。代わりがないと人々が思うから別の選択肢が育たず、別の選択肢が見えないから代わりがないという呪縛《じゅばく》がさらに強まる。これはトートロジー（同語反復）になりますが、安倍政権は長期政権であることによって、さらに長期政権になっています。

民主党政権には三・一一の恐怖が貼りついていて、思い出したくない。また、小泉政権以後の自民党政権の三年間は、私に言わせれば「悪夢の時代」だったのですが、有権者の記憶は薄れかけている。すると、安倍さん以外に首相がいないという結論になるわけです。

なぜ、日本維新の会は大阪で強いのか——佐藤

私も同じ意見です。代表制民主主義という政治運営を、直截《ちょくせつ》に表現すれば「政治はプロに任せて国民は欲望を追求する」となります。ですから、「もっと政治にかかわりましょう」と言うのは、代表制民主主義と矛盾します。

繰り返しになりますが、国民が政治的にもっとも関心を持つのは経済が悪化した時です。経済が右肩上がりであったり、雇用が安定していたりすれば、政治に対して受動的になります。しかし、外国からの侵略を防ぐ、大地震など災害に迅速・適切な対応をする、などの危機管理を政府ができていなければ、国民は反応します。

先日、大阪に出張した際、数軒の書店さんをのぞいたところ、橋下徹《はしもととおる》さんの著書をはじめ、日本維新の会関連の書籍が大きなスペースで展開されていました。日本維新の会の

大阪での人気は手堅《てがた》いなあと感じましたね。では、なぜ日本維新の会は大阪で強いのでしょうか。

それは、大阪で同党が自民党の代わり、つまり政治的安定要因として働いているからです。大阪の場合、自民党が勝つと政治的には不安定になり、地域政党として有権者の支持を得ている大阪維新の会を母体とする日本維新の会が勝つことで、政治的安定をもたらすのです。

これは、沖縄も同様です。沖縄では「オール沖縄」勢力が勝利することで、地域の政治的安定に寄与します。やはり、有権者は「安定か混乱か」という軸で政党を選んでいるのです。

自民党政権が続く理由——山口

そうすると、政治に対する判断軸は本書の冒頭どおり、「安定か混乱か」になりますね。

二〇一九年四月の朝日新聞の世論調査では、「今後の安倍晋三首相にどの程度期待するか」という質問に対して五七％が「期待しない」、四一％が「期待する」と答えています

（「朝日新聞」二〇一九年四月二七日。以下、同紙）。「安倍首相の言葉をどの程度信頼できるか」では六〇％が「信頼できない」でした。安倍さん個人に対しては、否定的評価が肯定的評価を上回っています。

いっぽう、「政治に期待する」のは「安定」が六〇％、「変化」が三四％。「政権交代が今後も繰り返されるほうがよいと思うか」では「そうは思わない」が五三％、「繰り返されるほうがよい」は四〇％でした。ここからは、安定志向が読み取れます。

また、二〇一九年の参議院選挙における無党派層の投票行動を見ると、十代・二十代では自民が圧倒的に第一位で、三〇％近くが自民党を支持しています。これを、自民党および政治への期待が高いと読み解くか、政治に対する期待水準・政策の評価基準が低下していると読み解くか。私の見立ては後者です。

若年層にすれば、経済が成長して年収が増えることは想像できないでしょうし、政治に対してきわめて現実的に見ているように思います。ただし、希望や楽観をまったく持たないことは、行きすぎると政治そのものを否定することになるので、良いことではありません。

今の日本人にとって、「良い変化」は想定できないのかもしれません。バブル崩壊後、「失われた二〇年」を経て、起こる変化はたいてい悪いものだと思い込んでいる。今あるものがなくなる・壊れることが「変化」であり、「変化＝不安」なのです。

変化は起きてほしくない——。これこそが安倍最長政権、自民党長期支配の帰結と見ることができるのではないでしょうか。

第四章
安倍政権後に訪れる国難

1　政治の漂流

超党派政権の可能性――山口

今回のコロナ禍によって、安倍政権の統治能力・危機管理能力の欠如が露《あら》わになりました。特別定額給付金の金額や給付方法は二転三転しましたし、ＰＣＲ検査はいっこうに進みません。専門家会議の提言による人と人との接触の八割削減に至っては、厚生労働省はコミットしようとしませんでした。首相が笛吹けども現場踊らず、です。

とにかく、スピード感がない。この国難のなか、国の舵取《かじと》りをすべき政治が漂流しています。しかし、この状況下、選挙で政権を入れ替えることはできませんし、与党内での交代も難しい。では、どうするか。

私は、内閣をそのまま存続させながら、国会がイニシアティブを取るしかないと思います。具体的には、実現可能性は低いでしょうが、超党派政権を立ち上げるというものです。

現在の政治の漂流は、官邸に権力が集中し、その権力の担い手が失見当識《しつけんとうしき》（状況への認識力を失うこと）に陥った結果です。ならば、国会が法案可決という立法作業から踏み出して、政策課題の設定から骨格の立案まで、主体的に参与する必要があります。

連立にこだわる必要はありません。国会で審議・成立させる法律について与野党が広く合意し、短時間で質の高い議論を行ない、成立させればよいと思います。

それには、まず野党が政治的休戦をして、与野党で共有できる実効的な対策の実現のために、具体的な提案をすべきです。また、衆参両院の議長が国権の最高機関を代表して、危機対応の決意を示すこともいいでしょう。

そして、医療体制の立て直しのための投資、普遍的給付を中心とした生活支援対策、行動追跡のための情報法制の整備、ロックダウンに備えた緊急法制の整備、教育・文化の確保、開催に暗雲が垂れ込めてきた、東京オリンピック・パラリンピックをめぐる問題などの重要課題に取り組むのです。

アメリカ・ハーバード大学の研究チームは、感染拡大を抑え込むには、外出規制などの措置を二〇二二年まで断続的に続ける必要があると発表しました。いっぽう、安倍政権がつくった新型インフルエンザ等特措法は、強制力を持った外出禁止は想定していません。日本人は正常性バイアス（自分は大丈夫だろうと危機を過少評価すること）が強いと言われていますから、行動変容を自発的な協力に求めるには限界があります。また、感染拡大の第二波・第三波に備えるためにも、強制力を持つロックダウンの根拠となる法制を整備することが求められます。

憲法では、基本的人権は公共の福祉による制約を受けることを明記しており、このような法制は憲法改正がなくても可能です。むしろ、必要な法整備を行なうことで、ためにする改憲論を封じ込めることができます。ただし、期間の限定、国会承認の要件は必須です。また、ロックダウンの代償としての生活支援措置を法制に組み込むことも必要でしょう。

今後、安倍さんが疲れはてて、政権を投げ出す可能性も考えられます。その時には、自民党内で政権をたらい回しにするのではなく、与野党を超えた国会の理性によって、暫定的に危機管理のための与野党協調体制をつくらねばならない。これは戦前の大政翼賛会のような一国一党体制ではなく、あくまで臨時体制です。

同調圧力の怖さ――佐藤

与野党協調体制で気をつけなければならないのは、山口さんが危惧されたように、翼賛体制となって、行政国家になることです。翼賛政治は一国一党体制であり、行政権の優位を招く政治体制です。しかし、翼賛の本来の意味は、力添えして天子《てんし》（天皇）の政治などを助けることですから、強制されるものではなく、人々の自発的な行動に期待するものです。

政府には感染拡大を抑え込み、医療崩壊を起こさせないようにしながらも、経済の落ち込みを極小にするという、大変難しい対応が求められます。その際、行政府が立法府と司法府に対して優位になる可能性が高くなります。国家による、国民の監視と統制の強化に直結する危うさがあるのです。

ドイツやフランスなど、ヨーロッパの立憲民主主義の国々では、ロックダウンにおける移動の規制を法律や条例で定めています。いっぽう、日本では政府も都道府県も、移動の規制には慎重です。

憲法第二二条では、「何人《なんぴと》も、公共の福祉に反しない限り、居住、移転及び職業選択の自由を有する」と定められています。「何人」には、外国人や無国籍者も含まれています。また、「公共の福祉」とは、他人の人権と衝突した場合の調整を意味しています。ですから、新型コロナウイルスに感染した疑いのある人を一定期間隔離したり、特定の国からの入国を規制したりすることは、「公共の福祉」によって正当化されうるのです。

では、なぜ日本政府も都道府県もそれをしなかったのか。

その理由は、二つあります。ひとつは、隔離や移動を規制する法律や条例は憲法違反であるという訴訟を起こされた場合、裁判所が違憲の判断をする可能性があるからです。合憲とされても、訴訟が起こされれば、それに対応するエネルギーが膨大になります。行政官は、この種の仕事を嫌います。

もうひとつは、政府や都道府県が自粛を要請すれば、法律や条例に相当する効果が、この国ではあるからです。国民の同調圧力です。実際、「自粛警察」と呼ばれる自警団化した人たちが現れ、勝手な行動を取る人を異端者と見なして攻撃しています。これは、基本的に翼賛と同じ発想です。

この同調圧力は、国民を統制して挙国一致の政治体制を強化するのに利用されやすく、ファシズムにつながります。

社会民主主義的政策への期待――山口

ご指摘のとおり、行政府が法規範の裏づけを持たない権力を振るい、政府の意向を先取り、あるいは忖度した一部の人々が、社会的同調圧力をかけて個人の自由を封じ込めることは、全体主義支配を生み出します。独裁や全体主義にはさまざまな方法があるわけで、ナチス・ドイツのような強権支配でなくても、自粛や忖度を政府が操作した全体主義が日本ではありうるシナリオです。

そして、国民は現在、先行きへの不安から大きな政府を求めています。

朝日新聞と東京大学が共同で行なった世論調査（二〇二〇年三月四日～四月一三日）を見てみましょう。「政治に最も優先的に取り組んで欲しい課題」については「年金・医療・介護」が四一％で第一位。第二位が「景気・雇用」一三％、第三位は「教育・子育て支援」一二％でした。これを回答時期別に見ると、「景気・雇用」が調査期間の経過とともに増えています。最終期には三五%を示しており、コロナ禍が影響していることは明らかです(「朝日新聞デジタル」二〇二〇年四月二五日)。

景気対策のための財政出動への賛否では、賛成派が「どちらかと言えば賛成」と合わせて五〇%を占めています。これは、リーマン・ショック後の二〇〇九年の調査と、まったく同じ数値です。社会福祉などのサービスが悪くなっても小さな政府を求めるかについては、「どちらかと言えば反対」を合わせた反対派は四四%で、賛成派の一七%を大きく上回っています。大きな政府、もっと言えば社会民主主義的政策への期待があるのでしょう。

興味深いのは、リーマン・ショック後と今回では「景気・雇用」政策への期待は同じものの、政党への意識は異なっていることです。二〇〇九年の調査では、自民党はわずかながらも反感を持たれ、民主党が好感を持たれていました。ところが今回、自民党は好感も反感も持たれていなく、立憲民主党への反感が強く出ています。

つまり、リーマン・ショック後は民主党という受け皿があったが、今回は受け皿がないと有権者は見ているわけです。とはいえ、自民党も期待値は下がっており、「期待できる政党が見あたらない」と考える有権者が増えています。

「自民党一強」を裏づけているようにも思えますが、その自民党は前章で触れたように、弱体化しています。いっぽう、立憲民主党、国民民主党などは離合集散を繰り返し、過渡的な政党とも言えます。これら野党こそ、有権者が期待する、社会民主主義的な政策を打ち出すべきなのですが、その気配がありません。日本の政治状況はきわめて不透明です。

野党の本音――佐藤

そもそも、安倍政権は「終わりの始まり」がずっと続いている状態です。政権基盤は脆弱です。

たとえば、「桜を見る会」前夜祭は一人五〇〇〇円と、それまでの自民党政権における汚職や疑惑とは、カネの単位にすればケタが三つも四つも（あるいはそれ以上）違います。かなりショボい話ですが、これでも引き金になる可能性があります。

検察幹部の定年延長特例が規定された検察庁法改正案に対するツイッターデモは、検察庁法改正よりも、コロナ禍での国民のいらだちが爆発したものだと思います。第一章で、国会軽視の次は司法軽視であり、行政権優位に至ると述べたとおりになりました。自民党は、内閣および政党支持率が下がっても、それは一時的なもので、やり過ごすことができると高《たか》を括《くく》っていたかもしれませんが、予想外に大きな広がりを見せました。

結局、国会での法案成立は見送られ、当該の黒川弘務東京高検検事長の辞任によって、この一幕は終わりました。しかし、この国民の意思表示は安倍政権に深い傷として刻み込まれました。もし国民の意思表示によって政権に終止符を打たれる事態になれば、六〇年安保で倒れた、安倍さんの祖父・岸さん以来です。

今後、安倍首相の去就をめぐって政局が大きく動くことはまちがいない。

自民党の次の総裁の予測は難しいですね。党内をまとめあげられる人物が思い浮かびません。岸田文雄さんでは選挙で負けるかもしれませんし、石破茂さんだと党が割れる可能性があります。安倍さんが後継者をつくらなかったことで党内がバラバラになり、権力闘争が活発化することが予想されます。そして、過去の「長期政権のあと」が示しているとおり、短命政権がいくつか生まれて、混乱の時代が続くと思います。

自民党以外では、与党内での政権交代、たとえば公明党代表の山口那津男《やまぐちなつお》政権の可能性もないわけではありません。この場合、野党の一部が連立に加わる可能性があります。いずれにせよ、野党への政権交代はないでしょう。

今回の検察庁法改正にしてもそうですが、自民党にはつけいる隙《すき》がいくらでもあります。なぜ、野党は行動を起こさないのか。野党は、一九九〇年代の自社さ政権から学ぶべきです。自民党がなんとしても権力を取り戻したいがために、社会党内閣というウルトラCの大技を仕掛けた、あの政治行動です。

そのためには、野党が団結しなければなりません。共産党・社民党も含めて一本化して、日本維新の会に揺さぶりをかけるのです。「次の権力はこちら側だから、加わりませんか」と仕掛けていく。小選挙区制においては、それしかないと思います。野党がバラバラだったら、自民党・公明党に勝てるはずがありません。

実は、野党の人たちは本心では政権を取ろうと思っていないのではないか。自分たちが政権を担当しても、日本が抱えている人口減少や経済の停滞などの問題を解決できる自信がない。ましてや、コロナ禍の対応などはとてもとても――これが本音ではないでしょうか。そして、この本音は朝日新聞・東大の共同調査のとおり、国民に伝わってしまっています。これもまた国難、と言えるでしょう。

自民党内には、受け皿になる保守政党が出てきた場合、自民党は崩壊するのではないかという危機意識が強くあるように思います。先に言及したように、詰めで失敗しましたが、希望の党の旗揚げ時の小池旋風には、相当な危機感を持っていましたから。今は、コロナ禍対策で注目された吉村洋文《よしむらひろふみ》大阪府知事が所属している日本維新の会に、脅威を覚えているかもしれません。

キャスティングボートを握る公明党と共産党——山口

検察庁改正法案には憤りを覚えました。閣議決定で法解釈の変更ができるならば、それは法規範としての意味を持ちませんし、法治国家とは言えません。しかも、それが法を司《つかさど》る行政組織・法務省の人事とは、どれだけ法をないがしろにしているのか。

ツイッターデモでは、多くの若年層が投稿しました。先に、現在の若年層は変化を望まないと述べましたが、その彼らが「NO」と意思表示をしたことは、大きな意味があります。普段は政治的発言をしない俳優・音楽家たちも、声を上げました。官邸など政権中枢は、予想外のことだったでしょう。

コロナ禍のなか、政府が的確な政策を打たなければ、自分たちの生命・生活が危うくなると感じ、政治への関心が高まっているのです。政治を職業政治家に任せきりにするのではなく、政治を見守るという態度が広がっているのを見て、私は、民主主義を在家仏教にたとえた丸山眞男の言葉を思い出しました。

今後の政局については、公明党と共産党が鍵になると思います。

自民党政権が公明党抜きで語れなくなっているように、立憲民主党・国民民主党なども共産党の組織の力を借りなければ、選挙で勝負にならないことがわかってきて、ようやく野党協力をするようになりました。これからは、公明党と共産党が二つのブロックの核を構成して、政治が動いていくのではないでしょうか。両党とも党内に権力闘争は見えず、支持基盤と党内組織がしっかりしています。

もし、エスタブリッシュされた（社会的に確立した）政党が全部ダメになった場合、ファシズムなど全体主義に通じる、投機的リーダーシップの登場もありえるかもしれません。投機的リーダーシップとは、有権者の不満や怒りを一点に絞って、実現不可能と思われるような政策を掲げたり、悪者を仕立てたりして扇動することです。これは、政治的熱狂をつくり出し、カリスマ的リーダーを生みやすい特徴があります。

ただ、日本は議院内閣制であり、国会で多数を取るというかなり高いハードルがありますから、投機的リーダーシップだけで権力を握ることは難しいでしょうが。

佐藤さんは、「消費税ゼロ」を打ち出す、れいわ新選組の山本太郎《やまもとたろう》代表をどのように見ていますか。彼は市井《しせい》の人々の不満を受け止めて、それを公憤に高めて表現しています。二〇一九年の参議院選挙における、山本代表による街頭演説の熱気は、既存の政党にはないものでした。

れいわ新選組は台風の目となるか——佐藤

共産党の力は侮《あなど》れないと思います。一九五八年に書記長就任以来、一九九七年に引退するまで約四〇年間、共産党に君臨した宮本顕治《みやもとけんじ》元委員長。その著書『網走《あばしり》の覚書』(新日本文庫)を、私は最近読み直してみました。

宮本さんは戦前から終戦直後まで約一二年間獄《ごく》につながれていましたが、北海道・網走刑務所での四カ月を回想したのが同書です。そこには、特高（特別高等警察）による苛烈《かれつ》な拷問に耐え抜き、完全黙秘を貫いた体験が克明《こくめい》に記されています。この宮本さんの「本物の反骨」が今の共産党にもある、ということです。

野党のなかで、共産党は闘う野党として存在感を増しています。「桜を見る会」をめぐる問題が関心を集めたのも、共産党の調査能力、同党に所属する国会議員の質問の鋭《するど》さによるところが大きい。もし、志位和夫《しいかずお》委員長の次の世代が象徴天皇制を受け入れ、さらに党名を変えたら、大きな政府を求めるという今の流れに乗って、飛躍的に伸びるかもしれません。

自民党議員は選挙が近づくと、支持基盤の脆弱さを思い知らされます。すでに触れたように、彼らが頼れるのは公明党だけですから、政権運営における公明党の比重は増します。特別定額給付金では、同党が主張した「一律一〇万円給付」が採用され、その力をまざまざと見せつけました。

投機的リーダーシップでイメージされるのは、ユダヤ人を社会の敵とし、同時に既成の社会秩序を破壊したアドルフ・ヒトラーです。ソ連建国の父であるウラジーミル・レーニンも、扇動をよく用いました。

NHKから国民を守る党の立花孝志《たちばなたかし》党首は、ヒトラーやレーニンのような特別の思想を持っているわけではありませんが、投機的リーダーシップを発揮しています。同党は、一律にNHKの受信料を徴収するのではなく、受信料を支払っている人だけが視聴できるスクランブル化を公約に掲げる「シングルイシュー（単一争点）政党」です。

れいわ新選組の山本代表は一見、投機的リーダーシップに見えますが、小沢一郎さんと組んで政治活動の実績を重ねていますから、立花党首とはまったく違います。彼は消費税廃止のほかに、最低賃金引き上げ・奨学金チャラ・公共投資重視のニューディール政策など、人々の暮らしに目配りした政策を打ち出しています。

立憲民主党にしても国民民主党にしても、国民の期待がしぼんでいるのは、その中心メンバーが、民主党政権を担っていた頃の顔ぶれと変わっていないこともあると思います。つまり政権担当能力がないまま、と見られている。

野党共闘となれば象徴や核となる存在、新しい「顔」が不可欠です。この「顔」として、れいわ新選組の山本代表を担ぐ可能性がないとは言えません。野党共闘には、各勢力を統合できる理念が必要ですが、社会保障の改革を掲げれば、国民の関心が高い課題ですから、世論に訴える力は強いでしょう。

2 新たな思想

もはや選択の時——佐藤

かつてに比べて減ったとはいえ、日本企業は社宅・各種手当・企業年金など、手厚い福利厚生を実施しているところが少なくありません。これは本来、国家が担う福祉機能を会社が果たしているとも言えます。

しかし、会社は私的結社であり、国家ではありません。私企業ですから営利の追求が目的ですが、日本の会社の場合、中間団体的な要素があります。中間団体は、内側は「身内」として守ってくれますが、その外側、たとえば非正規雇用の人は守ってくれません。しかも、グローバル化による競争圧力のなか、海外では見られない、手厚い福利厚生は冗費ととらえられ、削減の対象とされることもあります。

では、どうすべきか。「低負担・低福祉」のオウンリスクを基調とするアメリカ型か、「高負担・高福祉」の北欧型か、その選択をしなければなりません。日本は選択の時が来ているにもかかわらず、政治は目先のまやかしばかりです。はっきりしたことを言うと、選挙に負けてしまうからです。

私は「高負担・高福祉」を選びます。これは価値観の問題ですが、たとえば一年間に一二〇〇万円稼いだとして、累進課税制度のもと九〇%を税金に取られて、一カ月に一〇万円しか残らなかったとしても、医療費も教育費も無料か手数料程度だったら、私はそのほうがよい。

「低負担・低福祉」で税金が安くなり、稼ぎの多くが手元に残り、たとえ高額でもかかった医療費だけを払ったほうが銀行残高は大きくなるでしょう。しかし、これだと競争に弱い人や病気になった人は極論すれば、そのまま死んでもかまわないことになってしまいます。そのような社会は私には受け容《い》れがたいですし、治安も悪化するでしょう。

ただ、現実的には、日本では「高負担・高福祉」は難しいかもしれません。問題は国の規模で、日本は大国すぎるのです。北欧のように人口が数百万〜一〇〇〇万人程度なら、それは村の連結体のようなものですから、フリーライダーが生まれにくくなります。フリーライダーとはコストを負担せずに利益だけを得る、いわゆるただ乗りする人です。たとえば、沖縄の離島では、国民年金や社会保険料を払っていない人はほとんどいません。金融機関と言えば郵便局くらいしかなく、誰がいくら貯金しているかわかってしまう、良くも悪くも人の目が届く社会だからです。北欧も同様で、その意味ではプライバシーのない社会です。同じことが日本でできないのは、規模が大きすぎるからです。

規模が大きすぎることを逆手《さかて》に取った「道州制」も政策のひとつです。野党はフリーライダーが出ないような解を見つけて、高負担・高福祉の社会像を示すことができれば、大きな政府を志向する潮流に乗って、かなり強力な対抗軸になりうると思います。

政治を大きく変えたＳＮＳ——山口

ここで、政治における大きな流れを確認しておきたいと思います。二〇世紀後半に定着した、西側先進国における政党政治モデル・競争的民主主義モデルは二一世紀、とりわけ二〇一〇年代以降に、その綻《ほころ》びが目立つようになります。

二〇〇九年のアメリカ・オバマ政権と同年の日本の民主党政権は、二〇世紀後半のモデルとしてそれなりの理想の追求があったのですが、民主主義を軽視するトランプ大統領や安倍首相が登場し、それが潰《つい》えてしまいました。

先進国社会において、自由主義や基本的人権の尊重など近代の概念を普遍化していった結果、二〇世紀後半から二一世紀にかけて、人種の平等、ジェンダー（社会的・文化的に形成された性差）フリー、LGBTへの寛容などが進展してきました。

この普遍化の流れのなかで、ひとつの理想を追求するという政治実験が行なわれ、それが失敗すると、普遍化の原理そのものに対する反動が起きました。それは一種の社会進化論（ソーシャル・ダーウィニズム）と合わさって、優生思想も出てくるなど、自由を限定していく流れにあります。

それを加速させているのが、SNSの普及です。SNS空間は、宗教改革の時に神学者マルティン・ルターが唱えた「万人司祭主義（特権的身分としての聖職者を否定し、すべてのキリスト者は等しく神の司祭であると説く思想）」のようなもので、「万人政治家主義」「万人記者主義」と言えます。

すべての人が政治家になれば、職業としての政治家はいらなくなります。そして、エスタブリッシュされた政治家の権威や指導力が低下していくなか、万人政治家主義に支えられたトランプ大統領・ジョンソン首相・安倍首相が登場したわけです。メディアも、万人記者主義によって、急速に影響力を失いつつあります。

現在、自由と民主主義という価値観を重視する自由民主主義は機能不全に陥っていますが、これは、これまで人間を「理性を持った存在」ととらえる啓蒙思想の上に乗っかり、民主主義の思想を展開してきたものが、二〇一〇年代にひとつの壁にあたったものと考えています。万人司祭主義は個人の尊重の基礎となるいっぽう、無知で傲慢《ごうまん》な人間の自己正当化の根拠となると、とんでもないことになります。

ちなみに、私は自分のことを「横暴な権力を批判するプロテスタント」だと思っていますが、ある種の人たちからすれば、難しい言葉で講釈をたれる「ルター時代のカトリックの〝坊さん〟」のように見えるかもしれません。

では、万人司祭主義のもと、みんなが主観の殻《から》に閉じこもる弊害を防ぐことは可能か。また、アトム（孤立）化した状況のなかで、寛容という価値をもう一回共有し、そこから基本的人権を尊重して、自由な個人が共存しながら、政治的共同体をつくっていくことはできるのか。これが、今後の政治の大きなテーマとなるでしょう。

ユヴァル・ノア・ハラリが指摘した重大局面——佐藤

寛容という価値をもう一度共有する必要があるという、山口さんの考えに、私も完全に同意します。それとともに、自由・平等・人権といった「古くさい」と思われる概念を、今こそ強調しなければなりません。

『サピエンス全史』『ホモ・デウス』（ともに河出書房新社）などの著作で知られるイスラエルの歴史学者、ヘブライ大学のユヴァル・ノア・ハラリ教授は、新型コロナウイルスなど感染症への対応を独裁体制と民主主義で比較しています（「朝日新聞」二〇二〇年四月一五日。以下、同紙）。

いわく、独裁体制では、中国のようにうまく対処できた国もあれば、イラン・トルコのように失敗している国もある。民主主義体制では日本・韓国・台湾は比較的うまく対処したけれど、アメリカやイタリアの状況は厳しい。それでも、長い目で見れば民主主義体制のほうがうまく対応できると述べています。

「情報を得て自発的に行動できる人間は、警察の取り締まりを受けて動く無知な人間に比べて危機にうまく対処できます。数百万人に手洗いを徹底させたい場合、人々に信頼できる情報を与えて教育する方が、すべてのトイレに警察官とカメラを配置するより簡単でしょう。独裁の場合は、誰にも相談をせずに決断し、速く行動することができる。しかし、間違った判断をした場合はメディアを使って問題を隠し、誤った政策に固執するものです。これに対し、民主主義体制では政府が誤りを認めることがより容易になる。報道の自由と市民の圧力があるからです」

ハラリ教授は啓蒙と教育の重要性を説くと同時に、世界は政治の重大局面にあると警告しています。まさに、山口さんのご指摘と重なります。

新たな政治のタネ――佐藤

民主主義の価値観をもう一度共有するには、利他性を持った社会を志向することが必要です。今後は、経済よりも思想が先行するように思います。今回のコロナ禍もそうですが、一国だけ・一地域だけで対処しようとしても、グローバル化した世界では不可能です。われわれは助け合わなければ滅びるのです。

人間は群れをつくる動物であり、エリートはどの社会にも存在します。結局、未来は彼らの姿勢にかかってくると思います。ノブレス・オブリージュ（高い地位・身分にともなう義務や責任）を自覚する。みずからの富《とみ》を増やすことだけに執心《しゅうしん》するのではなく、人間は平等であるとの信念のもと、再分配を志向していく。このように、社会における機能分担を認識できるエリートがいる国が生き残っていくでしょう。

ちなみに、ここで言うエリートとは、中央省庁のキャリア官僚など一部の人だけを指すのではなく、商店会の会長、農協の組合長など、地域や中間団体の指導層も含みます。

利他性を持った社会では、共同性が課題になります。そこには、やはり社会民主主義的要素が入ってきます。例としては、必要最小限の持ち物だけで暮らす「ミニマリスト」、ヨーロッパで広がりを見せている「ヴィーガニズム（動物性食品・動物性製品を避ける完全菜食主義）」などが挙げられます。

ヴィーガニズムはエコロジー（環境保護）と相性がよく、エネルギー消費やCO_2排出量の問題と結びつきます。地球の温暖化を止めなければならない。そのためには消費性向を変える必要がある。また、人間は動物を家畜化したことで、エネルギー消費が増大するようになった。だから、肉を食べないライフスタイルに変えていこうというわけです。また、ホモ・サピエンスを種《しゅ》の最上位とするのはまちがいだという考え方は、動物愛護とも親和性があります。想像以上に広がりがあるのです。

二〇一九年九月、環境活動家のグレタさんは国連の気候変動会議に出席するためにニューヨークに移動する際、温暖化ガス排出量の多い飛行機を避けて、ヨットで大西洋を横断しました。その影響は大きく、母国スウェーデンでは飛行機の利用客が減少し、列車に乗る人が増加しました。「飛び恥」「鉄道自慢」という言葉も生まれました。

このムーブメントは国外にも飛び火し、ヨーロッパでは夜行列車の利用が増えているそうです。この場合、移動圏がヨーロッパにかぎられますから、地域振興にもつながります。

新自由主義による規制緩和競争・改革競争とは異なり、今後は、こうした「あるもの再発見」に焦点をあてる政治が求められるかもしれません。たとえば、家事代行やカーシェアリングなどのシェアリング・エコノミーは、欲望や利便性をすこし落とせば、可処分所得が少なくても生活できるという、別の形《かたち》の欲望の充足が生まれます。ただし、シェアリング・エコノミーはGDPに計上されないので、数値上はシュリンクします。ヴィーガニズムにしても鉄道の旅にしても、日本の政治家はこれらが政治につながるとは思っていないでしょう。しかし、ここにはきわめて大きい「新たな政治のタネ」があるように思います。

3　経済の破綻

第四次産業革命――山口

確実に言えるのは、安倍政権がいつ終わっても、また誰に代わっても、次の政権は経済対策に全力を傾けねばならないことです。

各国は、新型コロナウイルス感染拡大の防止のためにヒトやモノの動きを止め、経済活動が止まりました。日本企業の四月の決算発表で、軒並み厳しい数字が並んだのは記憶に新しいところです。いっぽう、感染がいち早く沈静化したことで、中国・台湾・韓国は経済活動を正常化。市場を寡占化しています。その結果、物価が押し下げられています。

コロナ禍の収束後、各国の製造業は労賃の安い途上国に向かうかもしれません。日本が生産活動を正常化した時には、市場に入り込む余地はないのではないかとの予測もあります。また、消費者の大幅な収入減により、個人消費が萎縮していることもあり、デフレ不況がさらに進むかもしれません。

これを機に、第四次産業革命が一気に到来することも考えられます。具体的には、ＩＣＴ（＝Information and Communication Technology 情報通信技術、ＩＴとほぼ同義）・ビッグデータ・ＡＩ（人工知能）・ロボットなどの技術革新により、仕事が効率化されたり、新製品・新たなサービス・新しいビジネスモデルなどが創出されたりして、産業に大きな変革をもたらすことが期待されています。

産業革命は次のように区分されます。第一次産業革命＝一八世紀以降の蒸気機関などによる工場の機械化。第二次産業革命＝二〇世紀初頭に始まる電力を用いた大量生産。第三次産業革命＝一九七〇年代に起こった、電子工学や情報技術によるオートメーション化。

そして、二一世紀前半に起こるであろうと言われているのが、第四次産業革命です。この第四次産業革命に、日本企業は立ち遅れています。

感染防止対策・行政システム・教育のオンライン化など、コロナ禍は日本の後進性をまざまざと見せつけました。もし、第四次産業革命に乗り遅れることがあれば、日本経済の沈下は避けられません。ですから、政治が積極的に関与し、大きな絵を描く必要があります。

新就職氷河期——佐藤

国家が守るべき価値には優先順位があり、順に国民の生命・身体・財産となります。コロナ禍は生命と身体にかかわるだけに、国家はエゴイスティックにならざるをえませんでした。

コロナ禍が起きるまで、グローバル化は歴史の大きな潮流であり、その流れは変わらないだろうと、誰もが考えていました。ところが、ヒトとモノの移動が抑えられることに加えて失業者の増大で、各国は自国ファーストに傾いて保護主義が広がり、グローバリゼーションに歯止めがかかりました。さらには、社会民主主義的な措置が取られていることで、資本主義システムの限界も取り沙汰《ざた》されるようになりました。

私は、デフレ不況よりも、金融機関の取りつけ騒ぎが起こった一九二〇年代の金融恐慌と石油危機時のスタグフレーションが起こるのではないかと危惧しています。スタグフレーションとは、スタグネーション（景気停滞）とインフレーション（物価上昇）の合成語で、不況とインフレが同時進行して、賃金は上がらないのに物価が上昇する状況のことです。

具体的にはデフレ圧力で景気が悪くなりますが、需要が生じる製品やサービスも出てきます。しかし、景気が悪いために、それに応《こた》えられる生産・供給ができない。そうするとインフレになります。賃金も上がらず、失業率も高くなり、景気はさらに悪くなる。このような状況に陥るかもしれないのです。

この際、最優先すべきは雇用と事業継続です。人口減少が顕著な地方や、資金繰りが厳しい中小企業では急務です。

若年層の雇用も大きな問題です。一九九〇年代後半の就職氷河期では、大量の非正規雇用者が出現。現在の日本社会の不安定さの基《もと》となっています。ですから、「新就職氷河期」をつくらないことが重要で、これには企業の協力が不可欠です。政治学者の宮本太郎《みやもとたろう》中央大学教授は「『コロナ就職難世代』を生んではならない」と指摘しています（「毎日新聞」二〇二〇年五月九日。以下、同紙）。

現在一五～二四歳の世代は、就職氷河期世代より約五〇〇万人も少なく、彼らが社会の中核を担う二〇四〇年には、高齢者人口が約三九〇〇万人とピークに達します。少ない人数で高齢者を支えねばならない世代なのです。宮本教授は「間違ってもこの若者たちが社会の周辺に追いやられることになってはならない。企業はむしろ今をチャンスと考え、内部留保を取り崩してでも人材を集め育てるべきではないか」と述べています。

第二章で触れたように、日本企業の内部留保は現在、四六三兆円まで積み上がっています。増大する内部留保への批判に、経営者は「いつ起こるかわからない危機への備えのため」と答えてきました。彼らがこの提言を受け入れないのであれば、顧客・従業員・株主に言っていたことは嘘だったことになります。

経済対策か、財政再建か――佐藤

現在、感染拡大の第二波・第三波が予想されており、経済のシュリンクは避けられません。そうなれば、年金制度の維持に対する懸念も強まっていくかもしれません。

二〇二〇年四月、安倍政権は過去最大となる一〇八・二兆円の緊急経済対策を閣議決定しましたが、これは国債で賄《まかな》われる予定です。日本の財政は危機的状況にあり、プライマリー・バランス（基礎的財政収支。国債収支を差し引いた歳入額と歳出額のバランス）を正さなければ、大変なことになると言われてきました。実際、債務残高の対GDP比は、二〇一九年に過去最高の二三七・七％にまで達しています。

いっぽう、ドイツは今回二一八五億ユーロ分の国債を発行し、企業の債務を保証し、中小企業や個人事業主を支援するために大規模な補正予算を組みました。ドイツが新規国債を発行するのは実に七年ぶりであり、二〇一九年の債務残高の対GDP比は約七七％にすぎません。憲法で均衡財政が義務づけられ、新規国債の発行は対GDP比〇・三五％までに制限されていますが、緊急事態では例外が認められています。健全財政を続けてきたから、新規国債も躊躇《ちゅうちょ》なく発行できるのです。国債発行に及び腰の日本とは大違いです。

しかし、これはリスク・マネジメントの話です。今は生きるか死ぬかのクライシス・マネジメントに近い局面ですから、財政規律の話をしてもしかたありません。第二波・第三波に備えて、生活保障に最大限注力する思い切った経済対策を行なっていくべきです。さらに、脆弱な医療体制の立て直しにも、万全な対策が必要です。

第五章

もはや先進国ではない

1 「経済一流」は遠い昔

GDP増加のカラクリ――山口

最終章となる本章では、憲政史上最長となった安倍政権の実績、そして八年間で日本社会がどのように変化したかについて検証していきます。まず、安倍首相が就任時に標榜した「強い経済」、すなわちアベノミクスについて、評価をきちんと下したいと思います。

かつて、日本は「経済一流、政治三流」と言われ、たとえ政治家がポカをしても、経済がしっかりしているから、この国は大丈夫だ――とされていました。その経済はどうなっているのか、「経済の通信簿」とも言われる、GDPの変遷から読み解いてみましょう。

GDPには国内で一定期間内に生産されたモノ・サービスの付加価値の合計額である「名目GDP」と、名目GDPから物価変動の影響を取り除いた「実質GDP」の二つがありますが、ここでは名目GDP(以下、GDP)を基準とします。

首相就任時の二〇一二年度のGDPは四九四兆九五〇〇億円でしたが、二〇一九年度では五五七兆七〇〇〇億円と、約一二・七％も増加。アメリカ・中国に次ぐ世界第三位です。これは、すばらしい成果のように見えます。

安倍首相は就任から三年後の二〇一五年、GDP六〇〇兆円達成を目標にすると公言しましたが、以降は六〇〇兆円に言及しなくなります。それは、なぜか。

実は、GDPをドル建てにすると、順位は変わらなくても、約二五％も減ってしまいます（六八〇〇億ドル→五一五〇億ドル）。GDPの実態を表すのは、基軸通貨であるドル建てです。つまり、円建てによるGDPの増加は、この間に進んだ円高による〝目くらまし〟であり、アベノミクスの本質は為替ダンピングなのです。

さらに、二〇一六年からGDPの計算方法が変更され、企業の研究開発費がGDPにカウントされるようになりました。これは世界的な制度変更なので水増しではありませんが、安倍政権下の数字を、前政権と単純に比較することは誤りです。

では、経済の指標である株価はどうか。第一章でも述べたように、日経平均株価は首相就任時から七年間で約二・三倍になっています。

しかし、この株高は為替安による輸出企業の収益増加と、日銀が投資信託を、GPIF

（年金積立金管理運用独立行政法人）が株式を買い入れることに負っています。なお、日銀は二〇二〇年中に株式市場最大の株主になると言われています。この結果、大企業の内部留保は小泉政権以降に増え、四六三兆円まで積み上がっています。

いっぽう最低賃金は、OECD（経済協力開発機構）の調査によれば、わが国は先進国のなかで唯一下がっています（OECD「Real minimum wages 2018」）。金額（時給換算）では第一位がオーストラリア（一二・一ドル）、第二位がルクセンブルク（一一・八ドル）、第三位がフランス（一一・五ドル）で、日本は第一一位の八・一ドルと、かろうじて最下位を免《まぬか》れています（OECD加盟国三五カ国の順位。日本のみ二〇一七年、他は二〇一八年）。これは、国際競争力強化と非正規雇用の増加が主な要因です。

日本のGDPに占める個人消費の割合が六割近くに達していることからも明らかなように、日本経済は個人消費で回っています。しかし、個人消費の元となる賃金は上がらず、可処分所得もいっこうに増えません。

この状態を改善しようと、安倍首相は経済界に賃金アップを要請しますが、改善の兆《きざ》しは見えません。その背景には、リスクに極端におびえる経営者の心理があります。

インバウンドの穴埋めは簡単――佐藤

私は同志社大学で教えており、コロナ禍になるまでは、毎週のように京都に行っていました。その時に感じたのは、オーバーツーリズム（キャパシティ以上の観光客が押し寄せる状態）です。市内は外国人であふれ、われわれが市バスを利用するのは困難でした。

外国人観光客が東京・大阪・京都に集中することは、景気は良さそうだという雰囲気を醸《かも》し出すのに一役も二役も買っています。インバウンド消費は四兆八〇〇〇億円（二〇一九年）と、七年連続で過去最高を記録しています。

しかし、外国人観光客が増えているのは、為替安によるところが大きいでしょう。彼らからすれば、日本は「割安」なのです。為替ダンピングでインバウンドを呼び込み、それを経済成長のごとく見せかけるのは、政治家としてのモラルハザード（規律・倫理観の欠如）と言わざるをえません。

実は、インバウンド消費額にしても訪日客数にしても、伸び率は一ケタ台です。いっぽう、日本人の国内旅行消費額は約二一兆九〇〇〇億円もあります。インバウンド消費より、国内旅行市場の規模は大きいのです。

日本の観光業は、コロナ禍で大きな打撃を受けました。しかし、世界各国の入国規制は継続されるでしょうから、日本人の海外旅行が国内旅行に振り替えられれば、損失分の穴埋めは難しくありません。前章で、ヨーロッパでは鉄道旅行がトレンドになるのではと述べましたが、日本でもその可能性があると思います。

著名な投資家ウォーレン・バフェットは、新型コロナウイルスの感染拡大によって「世界が変わる」として、保有していたアメリカ航空株をすべて売却したそうです。「外出制限が人々の行動に与える影響は分からない。3~4年後に、昨年までのように飛行機に乗るようになるのか見通せない」と語っています（「日本経済新聞」二〇二〇年五月四日）。なかなか、想像力が掻《か》き立てられる発言です。

雇用改善の実態――山口

アベノミクスで唯一の実績と言えるのが、若年層の雇用確保です。たとえば大学生の場合、就職戦線は売り手市場になりました。私の教え子でも、一人でいくつもの内定をもらい、どの会社を選ぶかと迷うような者もいます。この状況は、就職氷河期はもちろん、リーマン・ショック後と比べても、格段の違いです。

また、有効求人倍率が〇・八倍から一・五七倍に、完全失業率は四・三％から二・四％に改善されました。ヨーロッパでは、若年層の失業率が二〇％近い国も少なくなく、日本社会に安定をもたらしたのは確かです。

安倍さんは二〇一九年の参議院選挙の街頭演説で「この6年間、私たちの経済政策によって、働く人、雇用は380万人も増えた」と訴えました（「朝日新聞」二〇一九年七月一五日）。しかし、増えた雇用のうち、五五％が非正規雇用者でした。安倍さんはこれまで「この国から非正規という言葉を一掃する」とも言い続けてきました（同紙）。

総務省統計局「労働力調査（詳細集計）」によると、二〇一九年平均の雇用者数は五六六〇万人で（役員を除く）、そのうち正規職員・従業員数は三四九四万人、前年から一八万人増でした。いっぽう、非正規職員・従業員数は二一六五万人で、前年から四五万人増。つまり、雇用の改善は、非正規雇用の増加に負うところが大きいのです。

安倍政権はタカ派のイメージが強いですが、スローガンにおいては左派の主張をけっこう採り入れています。

たとえば、「一億総活躍社会」は人を切り捨てるのではなく、それぞれに活躍の場を与えようというもので、ヨーロッパの左派政権がよく唱える「ソーシャル・インクルージョン(社会的包摂《ほうせつ》)」を思わせます。ソーシャル・インクルージョンとは、社会的に弱い立場にある人々を援護して、社会の一員として取り込み、支え合うという考え方です。なお、民主党政権の「居場所と出番のある社会」も同義と見てよいでしょう。

また、幼児教育や大学教育の無償化など、けっこう再分配の政策を打ち出しています。

ユニコーン企業は生まれるか——佐藤

日本の経済成長を支えてきた製造業は現在、軒並み不振をきわめています。

東芝は一時期、経営危機に陥りましたし、三菱重工業は主力造船所を売却し、小型旅客機・三菱スペースジェットの納入も六度目の延期を発表しました。アベノミクスの目玉だった原発輸出もうまくいっておらず、日本の三大原子力メーカー(東芝・日立・三菱重工)が手がけた輸出案件はすべて頓挫《とんざ》しています。

小型旅客機は国際競争力の問題です。ブラジル製・ロシア製・中国製・イスラエル製なら、同様の性能で安価に手に入りますから。そもそも、航空機産業はボーイングとエアバスの寡占化が進んでおり、そのなかに入っていくこと自体が無謀だと、私は思います。

日本製航空機で大きな成功を収めたのは、一九六五年に国内で就航したYS-11（一九七三年生産中止、二〇〇六年国内就航終了）だけです。戦後、アメリカが日本の航空機産業を徹底的に潰した影響が、今も尾を引いているのです。

貿易黒字を出しているのは自動車産業だけですね。その自動車産業が自動運転や電気自動車（EV）で世界から取り残されたら、いよいよ稼げる産業がなくなってしまいます。

ガソリン車（ハイブリッド車含む）は多くの部品を必要とし、世界に冠たるサプライチェーン「ケイレツ」が下請けとして連《つら》なっています。これこそが日本の強みです。しかし、電気自動車では部品数が激減、日本の強みは一気に弱みに変わってしまいます。

日本の自動車産業が競争力を失う日が近いのではないかと危惧する声もありますが、幸いなことに、EV化は国際的に遅れています。この間に、いかに技術革新ができるか、またユニコーン企業が登場するかが勝負です。

ユニコーン企業とは、企業価値一〇億ドル以上で未上場、創業一〇年以内のベンチャー企業のことです。聞いたことはあっても、誰もその姿を見たことがない伝説の一角獣《いっかくじゅう》にたとえられたように、その数はとても少ない。

ユニコーン企業の数は、イノベーション政策が成功しているか否《いな》かを判断する指標のひとつになります。日本のユニコーン企業は二〇一八年では二社（メルカリとプリファード・ネットワークス）しかなかったのですが、二〇二〇年二月時点では七社に増えました。とはいえ、世界ではアメリカ（二一六社）と中国（二〇六社）が突出しており、イギリス（二四社）、インド（二〇社）、ドイツ（一二社）と続きます。アジアでは、インドと韓国（一〇社）が日本を上回っています。

アップルのようなイノベーションを起こして社会を変え、高成長し続けるユニコーン企業が、日本にも登場してほしいと思います。

知価社会を予言――山口

アメリカでは二十世紀後半から、GAFA《ガーファ》（グーグル、アップル、フェイスブック、アマゾン）などプラットフォーマー（商取引や情報配信などを行なう個人・業者のために基盤や環境を提供する事業者）が大成長しました。しかし、日本では今に至るも、巨大プラットフォーマーは生まれていません。

一九八〇年代の日本で、単にモノをつくるのではなく知的付加価値をつけなければいけない、と主張していた人がいました。通産省の元官僚で、のちに経済企画庁長官を務めた、作家の堺屋太一《さかいやたいち》さんです。

堺屋さんは一九八五年から「知価社会」「知価革命」を唱え始めていました。当時、日本の製造業は円高不況を乗り切り、世界に冠たる競争力を誇っていました。その時に、単なるモノづくりの時代は終わると予言していたのですから、時代が見えていたのでしょう。

しかし、その後の日本はバブル経済を謳歌。バブルがはじけたあとは失われた二〇年を経るなか、新しい産業や文明をつくる方向には進んでいきませんでした。

総合職の弊害——佐藤

なぜ、日本にプラットフォーマーが生まれないのか。

それは、社会全体で、高度なスペシャリストをつくることを怠《おこた》ったからです。日本は、スペシャリスト（専門職）ではなく、ゼネラリスト（総合職）しかつくらないという文化に支配されています。

私が所属していた外務省でも、総合職と専門職とに分けていますが、実のところ、専門職は二級の総合職にすぎません。中央省庁は基本的に年次主義であり、これは実力主義を導入させないシステムでもあります。年次がすべてで、逆転はほとんどありません。年次主義は同期間で切磋琢磨《せっさたくま》することから、人材のクオリティを上げる効果があることは事実ですが、突出した人間が出現すると、嫉妬《しっと》でひきずりおろされることもあります。

中央省庁だけではありません。日本の国立大学では、二十代で教授になることは考えられません。また、老舗《しにせ》の一部上場企業で、二十代の役員というのも寡聞《かぶん》にして知りません。しかし、アメリカなら二十代・三十代の教授や役員など、いくらでもいます。

だから、高度な専門家は日本を飛び出してしまう。そして、年次主義に縛られない・守られない、〝切った張ったの世界〟の道を選ぶのです。これを、グローバル（G）とローカル（L）という視点で見ると、Gで活躍できる人にすれば、これまでLのルールのもと頭を抑えられて生きていくしかなかったけれど、外に出ていく環境が整《ととの》った。急に、目の前の世界が広がった。これがグローバル化です。

結局、日本は急速にグローバル化していく社会やシステムに対応できませんでした。韓国やシンガポールはうまく対応しましたが、日本は国内マーケットが大きく、経済力もあるために、グローバル化しないでもやっていけると、高《たか》を括《くく》っていたところがあります。

たとえば、携帯電話のｉモードなど、ある時期までは最先端を走っていたけれど、プラットフォームをつくろうとしなかった。つくらなくても、国内市場だけで十分食べていけたからです。そのため、スマートフォンが普及すると駆逐されてしまいました。

今回のコロナ禍により、医療・教育・行政などのシステムのデジタルシフトが、あまりにも世界標準から取り残されてしまっていることに、私は愕然《がくぜん》としました。これで「先進国」と呼べるのだろうか。今後目覚《めざ》ましいスピードで変容していく世界に、日本はうまく対応できるだろうか。私は懸念しています。

2　淵源《えんげん》は教育にあり

大学生の劣化——佐藤

日本が世界標準から取り残されている淵源は教育、もっと言えば、大学受験に特化しすぎた教育にあると考えています。

たとえば、一部の中高一貫校では、中学段階から文系・理系に分けてしまいます。そして、私立難関大学を受ける文系の生徒は数学が事実上、免除されます。逆に、理系に進む生徒は社会科をほとんど勉強せず履修しませんし、理科でも受験と関係ない地学はやらなくてもよいことになっています。

大学受験に有利なように早めに進路を決め、進路が決まると、必要な科目だけを徹底的に履修するという、定向《ていこう》進化が進んでしまった。これはまちがいなく、イノベーションの障害になります。そのツケが今、回ってきているのです。

数学者の新井紀子《あらいのりこ》さんは著書『AI vs. 教科書が読めない子どもたち』（東洋経済新報社）

のなかで、「偶数と奇数を足したら必ず奇数になるのはなぜか」という中学二年生程度の数学の証明問題をほとんどの大学生ができないことから、彼らの思考力の乏《とぼ》しさを嘆《なげ》いています。論理的思考力を身につけていない大学生が大量に出現しているわけです。

私は、同志社大学神学部で授業を行なっていますが、当初は学部生だけでなく、院生も受講できるようにしていました。しかし、院生の水準があまりにも低いために、翌年からは受講できないようにしました。院生がこの程度かと思うと、一・二回生がまじめに勉強しなくなるからです。今年からは、私が学部一回生の時から教えていた学生たちが大学院に進学したので、院生の履修も認めています。

また、学生の論文を読んでいると、博士論文はかつての修士論文のレベル、修士論文は学部の卒業論文レベル、と一段階ずつ落ちていることを感じます。

デジタル化に逆行する日本の子ども——山口

七九カ国・地域で実施された「生徒の学習到達度調査（PISA《ピサ》二〇一八）」によれば、日本の一五歳生徒の読解力は第一五位（前回の二〇一五年は第八位）、科学的リテラシーは第五位（第二位）で、数学的リテラシーは第六位（第五位）となっています。

特に、読解力は前回調査から大幅に低下したことで「ＰＩＳＡショック」と呼ばれるほどでした。

文部科学省は、その原因としてコンピュータ形式のテストに慣れていないことを挙げています。実際、日本の子どもはスマホを肌身離さず持ち歩いていますが、パソコンの使用率は驚くほど低い。また、最近の大学生にはパソコンを持たず、スマホだけで用を足す人も珍しくありません。パソコンなしで論文が書けるのかと、私などは不思議に思ってしまいますが……。

そのことを裏づけるように、ＯＥＣＤの調査では、自宅でノートパソコンを使用している日本の一五歳生徒は三五％でした。これはＯＥＣＤ加盟国中、最下位になっています。ちなみに、アメリカは七三％、デンマーク九四％、韓国は六三％でした。デスクトップでも似たような結果が出ています。驚くべきは、日本だけが唯一、前回調査から下がっていることです。

江戸時代、米沢《よねざわ》藩の第九代藩主として困窮した藩財政を再建したことで知られる上杉鷹《うえすぎよう》山《ざん》は、「学問は治国《ちこく》の根源」との言葉を遺《のこ》しています。前述のような実情を見るにつけ、日本は国を挙げて根本的に教育を考え直さないといけない時期に来ていると思います。

安倍首相が教育行政に熱心ではない理由——佐藤

一九七九年に刊行された『ジャパン アズ ナンバーワン——アメリカへの教訓』(エズラ・F・ヴォーゲル著、広中和歌子・木本彰子訳、TBSブリタニカ)は、日本人の高い学習意欲や日本的経営などを高く評価し、「日本に学ぶべき」と礼賛しましたが、大学教育については次のように厳しく見ていました。

「大学は卒業資格を与えるが、学生の教育に身を入れる教授の数はあまり多くなく、学生の勉強ぶりも、大学受験前に比べるとずっと落ちるし、授業中の問題の掘り下げ方も甘く、普段は出席率も悪い。学生一人当たりの大学側の支出は不当に低く、研究室の設備の悪い大学も多く、研究水準にも、その広がりにもばらつきが目立つ。日本の学生の書く論文は独創的ひらめきを示すよりも、どちらかといえば、教えられたことに忠実なものが多い」

同書は二〇〇四年に復刊されましたが（阪急コミュニケーションズ）、ヴォーゲルは「復刻版によせて――成功後シンドロームを乗り越えて」のなかで、さらに厳しく言及しています。

「日本の大学に欠けているものは、柔軟性、指導力、独立した資金源、教授陣をさまざまな分野で支える大学運営の専門家、世界的な組織にするために優秀な学者を選抜する公募制度及び念入りな選考、などである。……世界中の大学関係者に世界の一流大学を選ばせると、日本からは一つか二つの大学が上位五〇以内に入るか入らないかという状況である。欧米の一流大学ではできる限り優秀な教授陣を選んで大学の水準を高く保つために採用は公募制で、優秀な教授陣を持っている大学は優秀な学生を引き付け、また民間からの資金も呼び込むことができる。日本の企業は世界市場で競争することを学んだが、日本の大学は世界の一流大学に伍して競争をするようなことをしてこなかったのである」

この論評は、現在の大学にもそのままあてはまります。

私が教育を大切にするのは、外務省に入省して、その重要性を痛感したからです。戦前は、一般家庭の子どもが外交官になるのは、ほぼ不可能でした。しかも、教育費そのものが高かった。ところが、今はそれが標準です。しかも、入省後は数千万円もの費用がかかる研修を受けることができます。

私の場合、入省後にイギリスの陸軍語学学校に留学させられ、一〇カ月間、徹底的にロシア語を叩き込まれました。朝八時から一二時まで文法を学び、一三時から一五時までは会話の訓練です。寮に戻っても、六時間くらい机に向かわねば、宿題を処理できません。

しかし、この時に身につけた語学力が仕事をするうえで基礎になったことはもちろん、外務省を辞めても食べていけるだろうと思うと、気は楽でした。それだけに、教育の大切さが身に染《し》みてわかるのです。

かつて、多くの官僚出身者が総理大臣になりましたが、彼らは教育によって這い上がってきたことを自覚していました。近代日本の政治家は、メリトクラシー（能力主義）で上昇してきた人たちが多かったのです。しかし、安倍政権はそうではありません。安倍さんにしても、麻生さんにしても、家柄や生まれた時点で持っていたアセット（資産、資源）によって、現在の地位を得ています。だから、教育に対する感覚が、叩き上げの人とは異なっているのだと思います。

安倍政権は「教育再生」を標榜して、入試改革をはじめ、さまざまな教育改革を打ち出していますが、いずれも国民の関心を惹《ひ》きつけるには至っていません。そのうちのいくつかは、第一次政権の時の政策です。どうも、本気度が伝わってこない。大学の「九月入学」導入の見送りからも、それは明らかです。

地理学を学べ——山口

私が最近感じているのは、学生が地理学（ジオグラフィー）を勉強しなくなったことです。大学入試でも暗記科目というイメージのせいか、まったく人気がない。

ジオグラフィーは、イギリスではとても権威のある学問です。地理を学ぶことで、空間認識力が広がる。そこから、グローバル（G）への視点を養うと同時に、ローカル（L）への興味や愛着が生まれてきます。

コロナ禍のなか、私は日本のテレビを見るのをやめて、毎日「BBCワールドニュース」を見ています。世界各地で何が起きているか、短いけれども的確な、沢山のニュースを伝えてくれます。アメリカ・ヨーロッパはもとより、アフリカや南米で起きていることも、いずれ日本にも大きな影響を与える時代です。空間的な関心を広げることで、世界のさまざまな人のいろいろな生き方を知ることができ、それは自己中心的な狭いナショナリズムを克服することにつながるはずです。

コロナ禍の収束後、人々の意識は次第にLに戻っていくと、私は考えています。リモートワークや遠隔会議システムの便利さがわかったのは、コロナ禍がもたらした予期せざる恩恵です。一極集中が効率的だというのは、二〇世紀型のより多く・より速くの資本主義経済の発想でした。次の時代は、分散・ネットワークがキーワードになると思います。そして、自分が生活するLをきちんと理解することが求められる。それには、地理学はきわめて有効です。

Lをきちんと理解すると、地域振興の形も変わってきます。現在の地域振興は、中央省庁(東京)で大体の振りつけをして、自治体(各地域)に企画書を書かせ、補助金を与える形式です。これを各地域がみずから情報を収集し、考える形式に改める。地域のエリートが地理的条件を生かした政策をつくっていくわけです。もちろん、その地域の税収だけでは賄えないでしょうから、中央から地方への、ある程度の税収の移転は必要です。

その意味では、スコットランドの分権運動はすぐにでも沖縄に適用できるモデルだと思います。沖縄の歴史や伝統をうまく引き継いだ産業や企業が生まれてくれれば、日本の最先端を走る可能性もあると思います。

沖縄で実践されているグローカル——佐藤

一九七九年、平松守彦《ひらまつもりひこ》大分県知事は地域の特産品によって活性化をはかる「一村一品運動」を提唱しました。その後も、地域からの発信を重視し、「グローバルに考え、ローカルに行動せよ」と主張しました。いわゆる「グローカル」です。この視点は、改めて見直されるべきだと思います。

二〇一九年一一月、英語民間試験(大学入試英語成績提供システム)の導入の延期が決まりました。しかし、私が教えている沖縄の名桜大学は当初より参加しないことを表明していました。その理由は、離島部などに住む受験生への配慮です。

たとえば、鹿児島県・喜界島《きかいじま》の喜界高校の生徒が民間試験を利用するには、一番近い奄《あま》美大島《みおおしま》の名瀬《なぜ》まで、約三時間かけて船で行かなければなりません。当然、試験日の前後に宿泊することになりますが、親戚や知人がいなければ民宿に泊まらねばならず、その出費は馬鹿になりません。

また、沖縄本島北部の東村《ひがしそん》の高校生は、一日に一本のバスで一時間かけて通学しています。このような教育環境下にある生徒たちを一律の試験ではかるのは、Lをまったく考慮していないと言わざるをえません。

名桜大学では、こうした高校生のために推薦入学制度を活用しています。意欲と能力を持った生徒を、ていねいな面接で入学させているのです。一種のアファーマティブ・アクション（弱者集団の不利な現状を歴史的経緯や社会環境を踏まえた改善措置）であり、正しいアプローチです。

推薦で入学した学生たちは東京志向・中央志向ではなく、自分たちのふるさとで教員になる・役場で働くというキャリアパスを描いています。彼らは、そのために「外国を見ておきたい」「海外の沖縄コミュニティを訪ねてみたい」と留学しています。これこそ、グローカルな発想であり、そんな若者たちを私は頼もしく思います。

3　壊れた家族

家族モデルの崩壊――山口

教育の荒廃と同様、安倍政権下における変化で強く感じるのが、家族の崩壊です。父親が働き、母親が専業主婦として二人の子どもを育てるという、戦後の経済発展を支えた典型的な家族モデルは、一九九〇年代から急速に崩壊していきました。一九九二年には共働き世帯が専業主婦世帯を上回り、二〇一七年には一・九倍にまで広がっています（厚生労働省「平成三〇年版厚生労働省白書」）。

その大きな要因は、雇用の不安定化と賃金の低下です。男性一人の稼ぎでは、とても家族四人を養えない。必然的に夫婦共働きとなるわけですが、年金制度も税制も教育システムも男性が働くことを前提としたシステムが続いており、共働きで子どもを産み育てることを社会全体で支える仕組みができていません。共働き世帯は、大変厳しい環境に置かれているのです。

コロナ危機対策で安倍さんが二〇二〇年二月末に全国一斉休校を打ち出したことは、仕事と家庭生活の両立を支える社会的な基盤がきわめて脆弱なことを改めて浮き彫りにしました。保育所の不足は言うまでもありません。小学生が放課後を過ごす学童保育についても、政策的な位置づけが曖昧《あいまい》で、予算が不十分です。

そして、生活不安から結婚できない、結婚しても子どもがつくれない若年層が急速に増え、これが少子化・人口減少につながっています。

二〇一九年の出生数を見ると、第二次安倍政権発足時の一〇三万七〇〇〇人から約一七%減少した八六万四〇〇〇人になっています。一八九九年以来はじめて九〇万人を割り込み、「八六万ショック」とも言われました。さらに、死亡者数と出生数の差である人口の自然減は五一万人あまりと、はじめて五〇万人を超えました。

出生率（合計特殊出生率）は三年連続で低下し、二〇一八年は一・四二です。欧米諸国を見てみると、フランス一・九、イギリス・アメリカ一・七六、ドイツ一・五七となっています。いっぽう、アジアでは韓国一・〇五、台湾一・一三、シンガポール一・一六と、軒並み日本を下回っています（国連「世界人口推計二〇一九年版」）。

民主党は「子育ての社会化」を標榜し、鳩山内閣は二〇一〇年に「子ども手当（現児童手当）」を実施しました。しかし、「バラマキ」「財源はどうするのか」などと批判が続出。また所得制限を設けたことから「少子化対策か、景気対策か、所得再分配なのか政策意図が不明だ」とも非難されました。

いっぽう、自民党は子どもを産み育てることを社会で支えることに消極的で、男性優位の家族モデルにしがみつく人が多いように感じます。家族システムは、安倍さんに象徴される保守政治の最後の牙城であり、イデオロギー的争点になりやすい。そのため、なかなか先に進まないのです。夫婦別姓（選択的夫婦別氏《べつうじ》制度）への対応が好例です。

少子化は制度設計で改善できる――佐藤

戦後から高度経済成長を経てバブルが崩壊するまで、途中に不況があっても、日本人の暮らしは基本的に上昇し続けてきました。バブル崩壊後は経済がシュリンクしたのだから、生活水準も落とさなければならない。しかし、日本人は生活水準を落とすことや中産階級からこぼれ落ちることに恐れを抱きました。では、どうしたか。

まず、住宅をあきらめます。それだけでは対処できなくなると、子どもを持つことをあきらめました。この二つを犠牲にすることで、一九八〇年代の生活水準の幻想を追い続けたのです。

企業も収益が落ちており、コスト削減圧力が強まるなか、職場環境や正社員の給与など見えるところでは、それなりの水準を維持しています。しかし、退職金は減っていますし、企業年金も薄くなっている。つまり、見えにくいところでは、日本の社会と経済は相当弱っているのです。みんなすこしずつ無理をしてきたから、これまでは目立たなかった。ところが、生活不安から結婚を回避するということは、その無理が限界に近づいていることを示しています。そして、そのことが皮膚感覚でわかるようになってきた。

社会学者の橋本健二《はしもとけんじ》早稲田大学教授は、著書『アンダークラス——新たな下層階級の出現』(ちくま新書)のなかで、日本の被雇用者内部に巨大な格差があり、その底辺には「低賃金で不安定な非正規労働者の大群(パート主婦、非常勤の役員や管理職、資格・技能をもった専門職を除く)」が形成されていると指摘し、そのような人々を「アンダークラス」と呼んでいます。

その数はおよそ九三〇万人。これは、就業人口の一五％にあたります。平均年収は一八六万円で、貧困率は三八・七％にも上ります。男性の有配偶率は二五・七％、女性も未婚者が過半数を占めています。これは「貧困と隣り合わせだけに、結婚して家族を形成することが難しい」からです。

生活苦だけでは説明できない未婚者の急増もあります。結婚できないことを認知したくないから、「結婚したくない」という自己決定であると、自分に言い聞かせる。あるいは、「今後の日本を考えたら子どもをつくらないほうがよい」との理屈に乗っかる人たちです。やはり、社会規範からの逸脱・脱落という認識は、嫌なのです。この図式が、若年層だけでなく中高年層にまであてはまるとすると、日本の少子化は相当深刻です。

しかし、私がよく行く沖縄では、様相がまったく異なります。沖縄県の出生率は一・九四と全国トップ（厚生労働省「平成三〇年 人口動態統計」）。また、人口増加率は〇・三九％と東京都の〇・七一％に次ぐ第二位です（総務省統計局二〇一九年）。少子化に対する危機感をまったく感じず、雰囲気も明るいのです。ちなみに、東京都は人口増加率が高くても、出生率が一・二一と全国最下位です。これは、他府県からの流入が高いことを示しています。

いっぽう、兵庫県明石《あかし》市は政策によって、人口が自然増に転じました。泉房穂《いずみふさほ》市長は制度設計で、人口増を実現させたのです。

泉市長は、都市機能の「住む・働く・学ぶ」のうち、「住む」に焦点を絞り、企業誘致（働く）も学校誘致（学ぶ）もしませんでした。明石市では学生も勤労者も、多くは神戸《こうべ》市や大阪府に行くからです。では、どうやって市外から人を呼び込むか。

施策のひとつが、保育士の処遇改善です。市内の私立認可保育所（保育所・認定こども園・小規模保育事業所）に、正規および常勤的非常勤保育士として採用されると、採用後一年経過ごとに六年経過まで毎年二〇万円、七年経過時には三〇万円が支給されるようにしたのです。この結果、近隣から保育士が集まり、保育所の待機児童数が激減しました。

また、市内の保育所に子どもを通わせる場合、保育料は二人目から無料にしました。医療費も、中学三年生までは無料です。子どもを産み育てるなかで「こんなに子どもにカネがかかるものなのか」と思えば、二人目をつくることを躊躇《ちゅうちょ》します。しかし、明石市なら厚いサポートがあることを知れば、転居が選択肢のひとつになります。

泉市長は、道路や下水道などインフラ整備にかける経費を大幅に削《けず》り、予算を子育てに振り分けました。子どもは家族だけでなく自治体で育てる、と考えたのでしょう。高齢者のコミュニティと子ども食堂を結びつけるなど、みんながみんなの顔を知っている町づくりを目指しているそうです。

負の長寿社会――佐藤

少子高齢化問題のうち、もういっぽうの高齢化はどうなのか。高齢化にともなう、二つの重い問題を取り上げてみたいと思います。

ひとつが「尊厳死」です。尊厳死とは、たとえば末期がん患者が人間としての尊厳を保って死に臨《のぞ》めるよう、医師が延命処置を控え、安らかに人生を終える選択を与えることです。

誤解されがちですが、「安楽死」とは違います。安楽死は患者の苦痛を除去し、死期を早めることを目的としているのに対し、尊厳死は死期の引き延ばしを止めることを目的としています。具体的には、事前に延命行為の是非について宣言する「リビング・ウィル」

という手段があります。

ヨーロッパでは、多くの国々で尊厳死が法制化されています。オランダ・スイスなどは医師による安楽死を合法化しています。日本では尊厳死の法律はなく、当事者本人が希望しても、人工呼吸器を取り外すことができません。

もうひとつが子殺し、親殺しなどの「親族間殺人」です。実は、高齢者であるがゆえに、被害者になるケースが少なくないのです。日本では殺人事件のうち、ほぼ半数の四七・二％が、親族間殺人です（二〇一八年・警察庁発表）。第二次安倍政権発足時は五三・五％もあったが、その後は四〇％台の横ばいで推移しています。

この問題に詳しい、元衆議院議員の井戸《いど》まさえさんによれば、未遂を入れれば二〇一八年は、五五％前後になるという。アメリカは二六・二％ですし（二〇一四年・FBI発表）、一説によればドイツも二〇％台なので、日本の親族間殺人率は相当高いことがわかります。

被害者は、老親が三割を超えて最多。原因は、介護疲れや金銭困窮による「将来を悲観」が三二％で、もっとも多くなっています。高齢者が加害者になることも少なくなく、その場合、被害者が子どもであり、障害を持っていたケースが最多です。動機としては問題の抱え込みが圧倒的に多い。こうした高齢者を孤立させないため、自治体や福祉機関などの支援体制の充実が必要となります。

尊厳死にしても親族間殺人にしても、国が介入しなければならない問題になっています。いずれも個々の経済事情と不可分の関係にあります。ますます深刻化していくのは、目に見えています。長寿社会は、家族にとって重荷になってくるのです。

4　日本新生の処方箋

数十万円の貯金で暮らせる社会——佐藤

安倍政権は最長政権になったがゆえに、日本の政治の構造的病理が現れた。つまり、安倍政権は、日本の政治を映《うつ》す鏡なのです。

安倍さんを見て嫌だと思う人は、それが鏡に映った自分の姿であることに気づいてほしい。今まではその姿はおぼろげだった。それがだんだんはっきりしてきて、嫌な姿が見えてきた。でも、それは自分の姿なのです。だから、われわれが変えていかなければなりません。

アメリカ型の、低負担・低福祉で勝者が総取りし、総取りした者が恩恵的なチャリティを行なうことで社会を回していくのではなく、すべての人間が同じ尊厳を持って、同じ可能性を持てるような社会こそ、日本にはふさわしいと思います。社会主義のように結果を平等にするようなことはしないけれど、その結果によって生まれる格差は一定程度――たとえば一〇倍まで――に収める。つまり、北欧やイギリスの労働党が志向するモデルです。

もちろん、それには財源が必要です。ただ、将来不安がこれだけ高まっているなか、すこしでも可処分所得を残しておきたいという気持ちも否定できません。となると、消費税だけではなく、累進課税を強めたり、相続税をもっと厳しくしたりしてもいい。

再分配政策による高負担・高福祉なら、貯金は旅行に行く数十万円もあれば十分と思える――そんな社会を目指してもよいのではないでしょうか。それで、日本の国際競争力が落ちるとは思いません。北欧やドイツで労働意欲が失われたという話は聞いたことがありませんから。

ドラスティックな改革を行なうには長い間、権力の座に就いていなければなりません。安倍政権の場合、長期政権になりましたが、ドラスティックな改革には踏み込みませんでした。だから、これまで見てきたような問題が山積しているのです。

次の政権は、かなり大がかりな〝手術〟をしなければならないでしょう。でも、国民がそれを「生体解剖」ではなく、必要な「手術」なのだと認識できれば、反対しません。国民が消費税増税に反対するのは、それが痛みをともなうだけで何も良いことがない生体解剖だと知っているからなのです。

グローバル資本主義に戻してはいけない──山口

私の同僚である、経済学者の水野和夫《みずのかずお》法政大学教授は、安倍首相が決断すべきは中西宏明《なかにしひろあき》経団連会長に対して企業の減資を要請することであると述べ、企業の内部留保四六三兆円の活用を提言しています（「毎日新聞」二〇二〇年五月一八日。以下、同紙）。

企業の内部留保が急増し始めたのは、一九九八年に起こった金融危機の翌年からです。

水野教授の試算によれば、一九八九年までの上昇傾向を現在まで延長すると、内部留保は二〇〇兆円となり、残りの二六三兆円は、経営者が言う緊急事態に備えたものとなります。なぜ、試算よりも積み上がったのか。

それは本来、従業員と預金者に支払うべき賃金や利息を不当に値切って貯《た》め込んだからだというのが、水野教授の主張です。「不当」とは賃金を減少させたり、利子を抑えたりしたことを指しています。そして、今がその「緊急事態」にあたるのだから、従業員や預金者に返金すべきというわけです。

減資の方法としては、国が企業の内部留保を償還《しょうかん》原資とする二六三兆円「新型コロナ国債」を発行することを提案。二〇年かけて積み増してきたのだから、二〇年かけて減資すればよいと説明しています。

水野教授はまた、「日本は、韓国・台湾・豪州・ニュージーランドと経済的連携を強め、ブロック化していくべきです。韓国と台湾から工業製品を、豪州やニュージーランドから農産物を調達し、サプライチェーンを縮小する。つまり、人・モノ・カネの流れを限定した地域内で経済を回していくのです」と述べ、「グローバル資本主義に戻ろうとするのは愚《ぐ》の骨頂」と言い切っています（「朝日新聞」二〇二〇年五月九日）。

コロナ禍で、世界はどう変わるか――山口

政策論に関しては、水野教授の提言に付け加えるべきことはありません。ただ、政治学者として、このような政策をいかにして実現するかを述べておきたいと思います。

この三〇年間、資本の力は、政治の世界でも市民の票の力を凌駕《りょうが》してきました。たとえば、二〇〇八年のリーマン・ショック後、金融機関は公的資金で救済されたにもかかわらず、経済が上向きになると、その経営者たちの報酬はうなぎのぼりとなりました。

これに抗議して、アメリカでは「ウォール街を占拠せよ」とのデモが起こり、そのスローガン「九九対一」は世界的な流行語となりました。これは、九九％のまじめに働く市民と一％の貪欲な経営者・富裕層に分断されており、富は一％の彼らに偏在していることを表したものですが、残念ながら「九九」は勝てませんでした。

二〇一六年の米大統領選挙におけるトランプの勝利は、この「九九」のなかに分断を持ち込む戦法によるものでした。白人ブルーカラー層と、黒人・マイノリティ・女性が分断

され、「アメリカ・ファースト」を叫ぶトランプを、男性・白人・低所得層が支持したわけです。

そして二〇二〇年、世界は新型コロナウイルスのパンデミック（感染爆発）に襲われました。ウイルスは、あらゆる人を襲うことでは〝平等〟ですが、アメリカやイギリスを見ればわかるように、低所得層や黒人などのマイノリティの患者が富裕層よりも格段に多く、その意味では〝不平等〟でもあります。

重要なことは、生命の平等と個人の尊厳を確認し、生命と尊厳を守るための政治を確立するという意思を、すべての人間が共有することです。

他方、感染者への差別やいじめという残念な現実もあります。また、コロナ禍とは直接関係ありませんが、アメリカでは黒人に対する警察の暴力に対する反発から、暴動が起こりました。社会に不安や不満が鬱積《うっせき》し、差別に対する怒りが暴力にまでエスカレートするのを見ると、暗澹《あんたん》たる思いです。

しかし、コロナ禍は、作家レベッカ・ソルニットの著書『災害ユートピア――なぜそのとき特別な共同体が立ち上がるのか』（高月園子訳、亜紀書房）で示された状況をもたらしている面もあります。「災害ユートピア」とは、大災害で生存の危機に陥った人間が権力に命じられなくても、自発的に連帯と相互扶助の秩序をつくる状況のことです。

実際、今回のパンデミックのなかで、医療従事者に対する感謝の運動は、世界各国で生まれました。また、感染リスクを冒《おか》しても人々の生活を支えてくれた、郵便や宅配の労働者・スーパーマーケットの従業員・清掃労働者などを「エッセンシャルワーカー（必要不可欠な労働者）」「キーワーカー（地域に必要不可欠な公共サービス従事者）」と呼び、その貢献に感謝する議論が広がっています。われわれは、社会的な相互依存のネットワークのなかで生きていることを実感したのです。

問題は、この感謝の気持ちを、どのようにして社会の仕組みをつくり変えることにつなげていくかです。イギリスの医療制度を守る運動のスローガンに「I can't eat applause」があります。これは「拍手ではお腹は一杯にならない」との意味で、感謝するなら医療にお金を投入して、医療従事者の待遇を改善してほしいと訴えているわけです。

アメリカの課題についても述べておきたいと思います。コロナ禍によって、アメリカ社会の分断と不平等の存在が明らかになりました。二〇二〇年五月二五日に起こった、ミネアポリスの警官による黒人男性殺害事件は、その不満を爆発させる契機となりました。「黒人の命は重要だ（Black lives matter）」というスローガンには、日本からも賛同したいと思います。

しかし、本当に生命を大切にする社会をつくれるかどうかが問われています。普遍主義的な医療保険や生活できる最低賃金などの具体的な政策が実現できるかどうか。トランプ後のアメリカ政治の対応、特に大統領選挙本選への出馬が決まった、民主党のジョー・バイデン前副大統領の能力に注目したいと思います。

日本では小泉政権以降、規制緩和によって、エッセンシャルな仕事を担う人々を非正規雇用や請負という劣悪な状況に追い込み、低賃金労働を押しつけてきました。そのことに対する反省なしに、社会は再構築できません。

現在の、日本の政治的空白を収拾する意欲を持つ政治家は、連帯と相互扶助の社会ビジョンを打ち出し、次の政権を樹立すべく、議論を始めるべきです。

前章で、公明党と共産党が保守陣営と革新陣営のなかで鍵を握っていると述べました。両党は現在、対立していますが、政策的にはかなり似通っており、勝者総取りの新自由主義ではなく、社会民主主義的政策を信条としています。だとすれば、与党（自民党）も野党（立憲民主党、国民民主党など）も、これに強い影響を受けるはずです。

そして、ポスト安倍政権、つまり「長期政権のあと」には、政党が一定の政策的合意のなかで競争を展開する構図となることが望ましいでしょう。

イギリスの哲学者・政治学者トマス・ホッブズはその著書『リヴァイアサン』（岩波文庫ほか）のなかで、「各人が究極の自然権である自己保存権（生存権）を自由に主張すれば、最後は万人の闘争状態に陥る」と述べました。

人間の生存が危機にさらされている今こそ、われわれは生き方を根本から考え直す好機です。この状況は、ホッブズの主張とは異なりますが、人間が一個の生物として生き残りを模索しているという点で、一種の自然状態が出現したと言うことができます。であるならば、今こそ新たな社会契約を結ぶべきではないでしょうか。

おわりに──われわれが選択を迫られた二つの道

山口二郎

佐藤優氏とのつきあいは一五年くらいになる。氏のデビュー作『国家の罠──外務省のラスプーチンと呼ばれて』（新潮文庫）を読んだ時の衝撃は、今も忘れない。以降、佐藤さんは受難の経験をもとに、権力の本質を見据える著作を次々に上梓してきた。しかし、その視線はルサンチマンとは無縁で、冷静、透徹という言葉がこれほど当てはまる政治分析は見たことがない。それは、佐藤さんの深い信仰がもたらした一種の奇跡だと思う。

政治学が追いかけきれない国家権力の深部を克明に描いた佐藤さんの作品は、学者の限界を問いかけるように思えた。政治学者がインテリジェンスのまねごとをしてもしかたないが、佐藤さんと話をすることは、政治学と現実の接点を探るために大いに役立ってきた。私は、とりわけ今の政権に対しては批判的な議論を積み重ねてきた。しかし、外からの批判ではとらえきれない、権力の内在的な論理がある。私はもっぱら権力の病理を論じてきたつもりだが、佐藤さんから権力の生理を教えられることで、視野が広がった。

私が東京に移ったのは二〇一四年春で、それ以来、東京での生活は安倍政権時代と重なる。東京に来たおかげで佐藤さんと定期的に会い、議論を重ねることができるようになった。安倍政権が次第に末期的様相を呈するに至って、二人の間の話をそのままにするのはもったいない、政治の現状を分析し、次に向けた構想を考える材料として世に出したいと思い、この対談をお願いした次第である。特に、ソ連の崩壊過程、絶対不滅とも思えたソ連共産党が権力を失う過程をつぶさに見た佐藤さんの話から、憲政史上最長の安倍政権のさまざまな症状を分析することは、実におもしろい作業となった。

対談自体は二〇一九年暮れから行なわれた。その後、新型コロナウイルスの感染拡大が世界を揺るがすという、歴史的な事態が起こった。この文明史的転換期をも射程に入れることができたのは、幸運であった。

この危機に、安倍政治が抱えていた問題点が一挙に露呈された感がある。今は、われわれが自明の前提と思ってきた、資本主義や自由主義的民主主義という制度が大きな挑戦を受けている。単に政権の不手際《ふてぎわ》や権力者の愚行を笑っている場合ではない。格差や貧困が広がったところに疫病が襲うと、人々は不安におののき、一九三〇年代のような「自由からの逃走」(『自由からの逃走』エーリッヒ・フロム著、日高六郎訳、東京創元社)を起こすかもしれない。他方で、過去三〇年の利益追求至上主義の経済のあり方を反省し、人間を尊重する新しい秩序をつくる機会がめぐってきたのかもしれない。

どちらの道を選ぶかは、われわれ自身の選択である。今必要なことは、現状を正確に認識し、生命、人間の尊厳、自由などの価値にもとづいて、社会のあるべき姿を考える作業である。コロナ禍に際して、世界の知性と言われる哲学者や歴史家が時代の転換を説いているが、日本で言えば新書を買って読むような市民の思考の総量が、国民的な判断を実質的に形づくると私は信じている。

序文で、佐藤さんから私自身について過分なご紹介をいただいた。そのなかの「受けるよりは与えるほうが幸いである」というキリストの言葉は、熱心なキリスト教信者だった祖父から、子どもの頃に何度も教えられたものであった。不思議な符合を感じる。未来を切り開くための国民的な思考と議論が必要とされるこの時期に、佐藤さんとともにこの本を送り出せることは、大変うれしいことである。最後に、困難な時期に編集の労を取ってくださった祥伝社新書編集部の飯島英雄さんに心よりお礼を申し上げたい。

編集協力　戸井　薫
取材協力　朝日カルチャーセンター新宿
本文デザイン　盛川和洋

佐藤 優　さとう・まさる

作家、元外務省主任分析官。1960年生まれ、同志社大学大学院神学研究科修了後、外務省入省。在ロシア日本国大使館書記官、国際情報局主任分析官などを経て現職。著書に『国家の罠』(毎日出版文化賞特別賞)、『自壊する帝国』(新潮ドキュメント賞、大宅壮一ノンフィクション賞)、『知性とは何か』など。

山口二郎　やまぐち・じろう

法政大学法学部教授。1958年生まれ、東京大学法学部卒業。同大学法学部助手、北海道大学法学部教授、オックスフォード大学セントアントニーズ・カレッジ客員研究員などを経て現職。専門は行政学、現代日本政治論。著書に『民主主義は終わるのか』、共著に『資本主義と民主主義の終焉』など。

長期《ちょうき》政権《せいけん》のあと

佐藤《さとう》 優《まさる》　山口《やまぐち》二《じ》郎《ろう》

2020年 8 月10日　初版第 1 刷発行
2020年 9 月15日　　第 3 刷発行

発行者……………辻 浩明
発行所……………祥伝社《しょうでんしゃ》
〒101-8701　東京都千代田区神田神保町3-3
電話　03(3265)2081(販売部)
電話　03(3265)2310(編集部)
電話　03(3265)3622(業務部)
ホームページ　www.shodensha.co.jp

装丁者……………盛川和洋
印刷所……………萩原印刷
製本所……………ナショナル製本

Printed in Japan　ISBN978-4-396-11608-8　C0231